よりぬき 運用以前のお金の常識

柳澤美由紀

講談社+α文庫

文庫版まえがき

この本は2007年6月に出版された『運用以前のお金の常識』を加筆修正し、文庫にしたものです。3度の増刷に加えて、文庫にまでしていただけて……読者の皆様のおかげです。ありがとうございました。

そもそも『運用以前のお金の常識』は、「バリバリの個人投資家ではなく、フツーの人が気軽に読めて、役立つお金の本を作りたい。マネー音痴の私が読んでみたいと思うテーマで、理解できる内容のものを書いてください」という編集担当のFさん（当時）の熱意を受けて執筆したものでした。面白そうだな、私も読んでみたい。そう単純に思ったからです。

しかし、現実は甘くありませんでした。

「（読者が混乱するので）一つの文章に言いたいことは一つだけにしてください」

「（専門用語が多すぎて）何を言っているのか、さっぱりわかりません」

マネー記事を書くようになって丸10年。すでに数冊の本を出していた私でしたが、原稿を書いている最中のダメ出しは初めての経験でした。一部の執筆を手伝ってくれた、なごみFP事務所の竹下さくらさんと「私たちってエライ!」「きっと成長しているよね」と慰め合いながら、時にはご褒美と称して極上ケーキをほおばりながら、睡眠不足の日々を乗り切りました。

マネーに関する原稿は通常、基本となる情報に加えて、例外規定や注意事項を紹介するのが定石《じょうせき》です。また、社会保障や税制、住宅ローンなどには細かな条件が設定されています。正しく書こうとすると、それらを網羅する書き方をしなければいけないのですが、そうするとわかりにくくなるのです。

難産の末に産声をあげた『運用以前のお金の常識』は、読者からたくさんの反響をいただきました。意外だったのは相談窓口で働いている方々からの声でした。私と同じファイナンシャル・プランナーや消費生活センターの相談員、生協の窓口で相談を受けているという方々がアドバイスに使わせてもらっているというのです。専門家からのお叱りは甘んじて受けようと思っていましたが、思わぬ朗報でした。情報を限界まで削ぎ落とし、わかりやすさを優先したからでしょう。

スポーツを極めるには「心・技・体」が必要だと言われています。家計のやりくりも一緒です。人生の目標を持つことで心を鍛え、資産という体力をつける。そこに、知恵というスキルが重なりあって、はじめて自分らしい生き方ができるのです。

この本は、心・技・体の「技（知恵）」を身につけることを目的としています。お金を上手にコントロールするためのコツ。万一のことが起きた場合に慌てないですむための知識。どっちにしようか迷ったときの判断基準。年代によって異なる問題の解決法。お金にまつわる知恵をさまざまな切り口で紹介しています。

この本は細かい説明を排除しています。日常の暮らしの中で、お金に関する何がしかの選択をするときに、読者の皆様が正しい判断をするための指針（＝常識）のみを取り上げて紹介しました。この本を手にとってくださった皆様が、お金に振り回されることなく、楽しく、人生を謳歌《おうか》されることを願ってやみません。

二〇一〇年六月

柳澤美由紀

◉目　次

第一章　超初心者のための㊍常識

第二章　知っていると差がつく(得)常識

第四章　損しないための(新)ルール

第五章　困ったときの安心常識

第六章　年代別　これだけは知っておくべき(必)常識

【20代・30代】

【40代・50代】

【60代以降】

第一章

超初心者のための㊎常識

お金のことが苦手なのですが……

まずは、収入の1割を積み立てることから始めよう

「仕事も遊びも楽しみたい。でも、お金のことを考えるのは苦手」――これは、社交的で、楽しいことが大好きなタイプの人からよく聞くフレーズである。でも、そんな人の家計診断をしてみると、貯金がほとんどなかったり、ローン依存生活を送っていたりすることが多いのが現実。遊びはもちろん、仕事のスキルアップにもお金は必要だ。お金と上手につきあえないのはもったいないな、と思う。

お金は苦手意識をなくし、最低限の知識を身につけるだけで、仲良くなれる。そうすれば、人生をもっと楽しめるようになるのだ。

さて、お金というと、株式投資などの資産運用をイメージする人が多い。でも、**わからないものに手を出してはいけない**。

「みんながやっているから」とか「(それをやって)儲《もう》けた人にすすめられたから」などの理由で株式投資などを始めた人たちは、たいてい失敗する。自分で判断できず、売りどき、買いどきを見誤ってしまうからだ。

お金のことが苦手でも、きちんと管理し、お金を確実に増やすことはできる。おすすめは、利息がつく定期預金に毎月決まった金額を預ける方法だ。

どんなにお金オンチの人でも、銀行に行ったことはあるだろう。給料やアルバイト代が振り込まれる銀行で、口座をつくったときと同じように、自動積立定期預金の申し込みをすればよい。

まずは、毎月の入金日の翌日に、収入の1割を積み立てることにしよう。**10年で年収分プラス利息が貯まる。がんばって2割貯めれば、5年で年収分になる計算だ。**

今は暮らせているけど将来が漠然と不安です

貯金と保険、仕事のスキルアップの三本柱で不安に打ち勝とう

誰しも、多かれ少なかれ、将来に対する不安を持っていることだろう。お金持ちであれば、不安がないかというとそうではない。たとえ何千万円の貯金があっても、心配だと嘆く人はいるものだ。

漠然とした将来の不安を解消するには、どうしたらいいか。健康に気をつけることと。人との出会いを大切にすることと。これらも、人生でかけがえのない大切な財産になる。しかし、金銭的な不安にクローズアップするならば、解決策は次に挙げる3つ。

★貯金（積立）の実践

★保険の活用

★仕事のスキルアップをはかる

思いがけない出費や収入の減少に対する不安を解消したいなら、貯金を始めよう。会社員なら月給の3ヵ月分以上、自営業者なら年収の半分以上が目標。これだけあれば、当座の生活には困らない。

入院や死亡などの「もしも……」に対する不安は、保険で補う。入院・手術代が心配なら「医療保険」。万一のときに遺族にお金を残したいなら、「終身保険」や「定期保険」などに入ればよい。

貯金と保険はいわば車の両輪、でバランスが大事。毎月の保険料が積立額よりも多い場合は、保険に入りすぎているので見直しを。

スキルアップは、収入を得る底力を養うために必要である。仕事のキャリアを磨くだけでなく、自分の能力や可能性をさらに高めるための自己投資も大切だ。

貯金、保険、スキルアップ。この三本柱が不安払拭《ふっしょく》の近道！

貯金の方法は定期預金しか知らないのですが

「定期預金」はお金を貯める王道

貯金は定期預金しかやっていないという人に理由を聞いてみた。トップ5はこれ。

①お金の情報に疎《うと》い
②元本《がんぽん》保証でないものに手を出すのは怖い
③お金を増やすことに興味がない
④忙しすぎて、アレコレ考える暇がない
⑤ただのものぐさ

圧倒的に多かったのは①と②。リスクは怖いし、損をしたくないから元本保証に限る。元本保証といえば定期預金が確実でしょ、という理屈だ。③と④は仕事に燃える熱血ビジネスマンに多かった。

定期預金は、銀行にお金を預けて、定期的に利息を受け取る金融商品である。元本が保証されているので、預けっぱなしにしていても損をすることはない。経済状況に振り回されることなく安心して人生を謳歌《おうか》できること。それが最大のメリットだ。

唯一の心配といえば、銀行が破綻《はたん》してペイオフ（預金保険制度）が発令された場合だけ。しかしそれも、**1つの銀行に預ける金額は元本1000万円までと決めておけば、痛手を受けることはない。**

定期預金は貯金の王道、それで充分である。とはいえ、積極的に増やしたい、リスクにも少しは慣れておきたい、というのであれば、次のステップとしては、外貨建てMMFがおすすめ。元本保証ではないが、安全性を重視して運用されている商品だ。為替《かわせ》の動きに興味があるなら、始めてみては。

保険に入っていません。このままで大丈夫？

保険は〝想定外の出費〟に備えるもの

「保険に入るのはムダ。だから、貯金している。文句ある？」

知り合いの男性から、面と向かって言われた言葉。ごもっとも。私はそう言って、その場を後にした。自営業なのに、子どももいるのに、保険に1つも入らなくて本当に大丈夫？　と、思いながら。

それから20年近い月日が経ち、還暦をとうに過ぎたその男性が糖尿病で入院していると聞いた。貯めている、と豪語していた貯金は奥さんが子どものために使い込んでいたという。仕事はできない、貯金はない、年金も少ない、で途方に暮れているらしい。

こんな悲惨な状況の人がいる一方で、日本では保険に入りすぎている人が実に多いのも現実。払込保険料の合計金額が1000万円、2000万円もの大金になるケースは珍しくない。保険の見直しにみえるお客様の多くは、ムダな保障のために、こんなに多額のお金を払っていたのかと、肩を落として帰っていく。

保険は、すべての人が入らなければならないものではない。だが、**まったく必要のない人はほんの一握り。**いざというときに手持ちの資金で乗り切れる人で、かつ、その資金をどんなことがあっても取り崩さない、強固な精神力を持っている人だけである。

たとえば、病気やケガで入院・手術したとき、がんにかかったとき、万一のことがあったとき。これらの予期せぬことが起きたときに手持ちの資金でまかなえるかどうか、真剣に検討しておきたい。もし不安が残るようなら、**家計がピンチにならないだけの保険に過不足なく入る。**これが自衛策だ。

家計簿って、やっぱりつけるべき？

家計簿をつけるだけで、浪費防止効果あり

家計簿の効能とは、衝動買い、ムダ買いを防ぐことにあり！

使ったお金を書き留める作業こそが、家計簿の真骨頂。**書くことで、脳にインプットされるのだ。**「今月はすでに○○円使っている」という意識があるだけで、衝動買い、安物（バーゲン）買いなどのムダな出費は確実に減る。家計簿は断然、つけるべきである。

そして、いちばん大事な目的は、お金の流れを知って、出費をコントロールする力を養うことだ。家計簿をつける際、多少数字は合わなくても気にしないこと。それがいやなら、「使途不明金」として帳尻を合わせればよい。

①**毎日、支出を書き出す**

②**使いすぎが明白に**（家計簿をやめたくなる時期だが、我慢！）

③**少し買い物を控えよう**

④**今月はこれだけのお金で暮らせた**（自信がつく）

⑤予算を立てて、やりくり開始（節約に目覚める）

この①から⑤の流れにもっていくことが大切なのだから。

家計簿をつける時間がないという人は、手帳タイプを持ち歩いてみては？　電車に乗っている間や休憩中などに書き込めて便利だ。携帯電話のメモ機能を利用する方法もある。ふだん使っている手帳に一日の支出を書き出すだけで、衝動買いは抑えられる。いちばん気になる費目をつけてみることから始めてもいいだろう。

面倒くさい、と敬遠されがちな家計簿。だが、1年間続ければ、支出が1割以上減り、お金の管理が上手になっているはずだ。

保険のしくみは、どうなっているの?

生命保険は「人」に対して、損害保険は「物」に対するトラブルに備える

もしも病気になったら、交通事故にあったら、もらい火で家が焼けたら……。できることなら考えたくないことばかりだが、これらを100%避けられる保証はない。

いちばん心配なのはお金の工面《くめん》である。入院、手術、死亡、火災、台風、水害、自動車事故。何が起きたとしても、お金は羽が生えて飛んでいく。貯金でまかなえるならまだいい。でも、それが底をついてしまったとしたら……。

実際にあった相談であるが、夫の入院で住宅ローンを滞納。夫婦2人で懸命に働いて買ったマイホームは入居10年で手放さざるをえなくなった。夫婦は保険に入っていなかった。

もしものときの出費。この損失から身を守る自衛手段としてつくられたのが「保険」である。たくさんの人々(契約者)から保険料を集め、契約時に定めておいた不測の事態になった場合に保険金が支払われる。主な種類は**生命保険**、**損害保険**、**第三分野保険**の3つ。

生命保険は「人」を対象にした保険。病気や不慮の事故で、死亡したり、入院したり、障害状態になったときに、生命保険会社からお金（保険金、給付金など）が支払われるしくみになっている。

損害保険は「物」を対象にした保険。家や家財、車などにかける保険で、偶然の事故によって発生した損失に備えられる。加入する場合は、損害保険会社またはその代理店で手続きを行う。

医療保険、がん保険、介護保険は、第三分野保険と呼ばれる。生保、損保、どちらでも取り扱っている。

将来、年金がもらえなくなるって、本当？

年金だけに頼らず、老後の資金づくりをしたい

公的年金はつぶれるのではないか。不安の背景には、日本で急速に進んでいる少子高齢化がある。65歳以上の人口が増えているのに対して、15歳から64歳までの現役世代の人口が減っているからだ。

しかし、公的年金は日本が経済国家である限り、つぶれることはないだろう。将来年金がもらえなくなる可能性は低いといえる。

なぜなら、現役世代が納めた保険料をもとにして、高齢者に年金を給付する「世代間扶養《ふよう》」という制度で運営されているから。将来の日本の姿をあらかじめ見通すことはできないが、25年後には25年後の仕事がある。働くところがあるということは、現役世代が収入を得て、保険料を納めることはできるということだ。**年金がまったくもらえないというのは考えにくい。**

しかし、現役世代が少なくなるということは、保険料収入が減ることを意味する。今は、現役世代3人で1人の高齢者を支える形になっているが、20年後の２０３０年

には、現役世代2人で1人を支えることに。もらえる年金額は今より少なくなる。その点は、腹をくくっておいたほうがよさそうだ。

国は、２００４年に、今後１００年の間、現役世代の平均月収の50％程度の金額を老後の年金として支払えるような制度に改正すると発表した。２００６年の平均月収は約34万円。この半分なら、月17万円の年金ということになる。**悠々自《ゆうゆうじ》適《てき》の年金生活を送るには、老後のための資金づくりは不可欠といえそうだ。**

カードで買い物をしすぎてしまいます

泥沼にはまる前に1ヵ月だけ現金生活を始めてみよう

お金がなくても買い物ができるクレジットカードは、魔法のカードだ。お財布の中身が1000円ぽっきりだったとしても、銀行口座の残高が1万円だとしても、カードを持っていれば、エルメスのバッグだってポンと買えてしまう。

雑誌の企画で、20～30代の女性6人に対して、マネーアドバイスを行った。6人の女性のうち、クレジットカードを持たない人は1人だけ。2人は1枚に絞って使っていて、3人はたくさんのカードを使いこなしていた。

さて、彼女たちの資産（貯蓄額）はどうなっていたか？

クレジットカードを持っている5人の貯蓄額は、足並みをそろえたように、ゼロ。キャッシングこそ使っていなかったが、いつもぎりぎりの生活をしていた。一方、カードを持たない女性は、なんと1000万円貯めていた。

6人はすべてOL。流行に敏感な女性たちばかりだった。でも、カードのない現金生活を貫いている人とカード依存生活を続けている人では、所持金が1000万円も違っていたのだ。親元で暮らしていたので貯金できたということもいえるが、他の人だって、それは同じ。カード生活の恐ろしさを再認識した出来事であった。

だまされたと思って、1ヵ月間、クレジットカードを封印しよう。カードを使っていなかった昔の自分に戻るのだ。我慢するのは1ヵ月間だけでいい。その間に現金生活を続けられれば、あなたのお金の使い方は格段に変わっているはずだから。

銀行と信託銀行はどう違うの？

銀行は、お金を預かって、貸し付けるのが仕事

第三者からお金を預かり、それを資金にして企業や個人に融資する。これが、銀行の本業だ。

個人や企業からお金を預かることを「預金」という。名づけ親は誰だか不明だが、絶妙なネーミングである。実態は銀行の借金なのに。預金というと、預かってもらっていると錯覚するが、預金をするということは、満期になったら貸したお金（元本）に利息をつけて返してもらう約束で、銀行に融資しているということなのだ。

そうやって集めたお金を、預金よりも高い金利で、企業や個人に貸し付ける。その利鞘《りざや》が銀行の主な収益になる。

銀行ではこのほかに電気や水道などの公共料金を自動的に引き落とす「決済機能」がある。証券会社には、給与振り込みサービスや年金自動受け取りサービスなどはない。また最近の銀行では、投資信託や個人年金などの生命保険の販売も行っている。

一方、信託銀行は、銀行の業務に加えて、「信託業務」も手がけることができる。

信託とは、「信じて託す」こと。**他人の財産を預かって、銀行自身の財産と分けて、管理・運用することができるのだ。**一般の銀行で預かれるのは現金だけだが、信託銀行であれば土地（土地信託）や遺言書（遺言信託）も預かることができる。

ちなみに、信用組合や信用金庫も銀行と同じ業務を行っている。信用金庫は信用組合の進化形。比較的規模が大きかった「組合」が「金庫」になっている。銀行との違いは、営業エリアが限定されていることと、組合員を対象に預金・貸付業務を行っていることである。

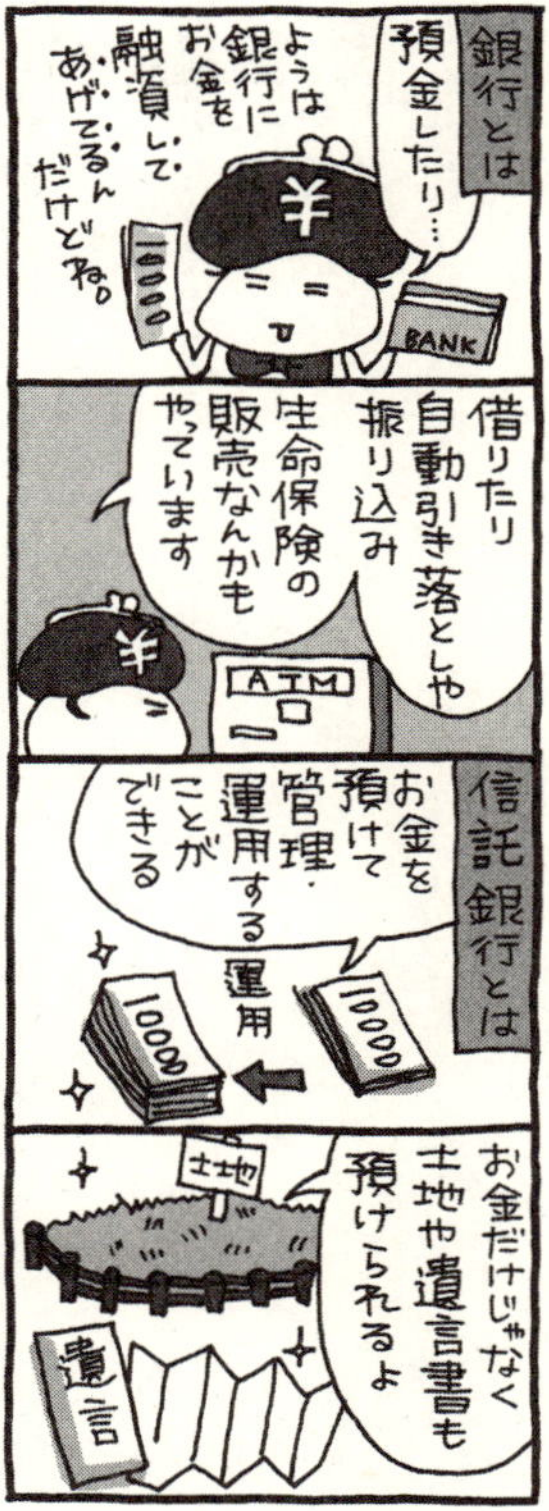

実は、毎月赤字です

タイプ別、赤字撃退法を教えます

①なぜか毎月赤字です
②お金を使いすぎている自覚はある
③節約している。だけど、赤字が解消できない

赤字で悩んでいる人のパターンは大きくこの3つに集約される。

①は、赤字の理由がわかっていないタイプ。原因を突き止めるために、**家計簿をつけることから始めよう。**

②は、買い物をしすぎるタイプ。水道・光熱費などの**決まって出ていくお金を差し引いて、毎月使える金額を知ることが大事。**カードで買い物をする人は現金生活を。

③は、やりくり以前の問題を抱えているタイプ。住居費が年収の25％を超えていないか。生命保険に入りすぎていないか。子どもの習い事にお金をかけすぎていないか。マイカーは本当に必要か。あらためてチェックしよう。**自分で判断できなければ、最寄りのファイナンシャル・プランナーに相談するのも有効だ。**

節約上手になりたいのですが……

節約を、ゲーム感覚で楽しもう

節約とはムダな出費を省くことだけでなく、物や資源を大切に使うことも含まれる。

節約上手になるには、できることから始めること。無理をしてはいけない。三日坊主で終わったとしても、自分を責めてはいけない。続けてみて習慣になったら、新たな節約法にチャレンジしてみる。こんなふうに**ゲーム感覚で楽しむことが大切**なのである。

節約した結果は形に残しておくとよい。おすすめは「つもり貯金」。家計相談にみえた方から、こんな話を聞いた。

「今年初めて、セーターを手洗いしました。10枚以上洗ったのに、かかった時間は30分弱。クリーニングに出したつもりで5000円、貯金したんですよ」

つもり貯金をすることで、節約で浮いたお金を本当に必要な出費に使うことができる。お金を味方につけることができるのだ。

円高ってどういうこと？

円の価値が高まって、少ない円でドルをたくさん買えること

だが、昨日は1ドル110円で、今日は1ドル100円の場合、円安になったのか、円高になったのか、ぱっと答えられる人はそれほど多くない。

110円が100円に下がっているので、円安っぽい。が、正解は円高。「円高」「円安」は、円の価値をあらわすものだからだ。

- 1ドルを買うのに、110円払った（＝1ドル110円）
- 1ドルを買うのに、100円払った（＝1ドル100円）

こう置き換えてみれば、一目瞭然《いちもくりょうぜん》である。円が強くなった（価値が上がった）から、ドルを少ないお金で買える。**円が強い＝円高、円が弱い＝円安**、と覚えておこう。

なお、為替《かわせ》とは「交換する」という意味。一般的に、円→ドル（外貨）、ドル（外貨）→円に交換することを指す。為替手数料は、交換時に銀行などに支払わなければいけない手数料のことである。

よく聞く外貨預金って何？

外貨で銀行の定期預金や普通預金をすること

外貨預金は、ユーロや豪ドルなど、外国の貨幣（＝外貨）で運用する預金のこと。普通預金や定期預金などがある。人気の秘密は、海外の高金利。豪ドル建ての1年定期預金の金利は年3・14〜3・64％。1年ものスーパー定期の約52倍である（三菱東京UFJ銀行　2010年7月12日現在）。外貨による元本保証もある。

しかし、外貨預金が円預金と大きく違う点は次の2つだ。

1つ目は、**為替手数料がかかること**。預けるときと、引き出すときに手数料が発生する。金額は通貨、銀行により異なる。豪ドル建ての場合、1ドルあたり、預けるときに2円、引き出すときに2円かかるのが一般的。

2つ目は、**銀行が破綻した場合の保護が違うこと**。円預金はペイオフ（預金保険制度）の対象で、元本1000万円とその利息までが保護されるが、外貨預金は対象外。破綻した銀行の状況により元本が減額されるおそれがある。経営が安定した銀行で利用しよう。

株ってそもそもどういうもの？

持っていると、配当金や株主優待がもらえる

株といえば、あなたは何を連想する？　ギャンブル、怖い、一攫千金《いっかくせんきん》……どちらかといえば、ダーティーな印象が強いのではないだろうか。でも**株は、その会社に出資した証明書のことである。**

新事業のアイデアはあるが、先立つもの（お金）がない会社があった。銀行でお金を借りると利息が高いので、会社の将来性に投資してもらおうと考えた。無利息・無期限で資金を提供してもらう代わりに、事業で儲《もう》けたお金（利益）の一部を配当金として渡す権利を与えることにしたのだ。これが「株」である。

株は、証券会社（正確には証券取引所）を通じて、売ったり買ったりすることができる。人気投票のようなものだから、売買の値段（株価）はその会社の業績などによって絶えず動く。これがギャンブルといわれている所以《ゆえん》である。また、配当金だけでなく、定期的に、自社商品などのプレゼント（株主優待）をくれる会社も多い。

投資信託って何？ どこで買えるの？

みんなでお金を出し合って、プロに運用を頼む仕組み

投資信託（ファンド）は、いろんな株に投資したいが、毎日株価の変動を調べるのはイヤ、資金もあまりない、ならば、みんなでお金を出し合って、プロに運用してもらおう。そんなノリだ。

いろんなところに投資する「分散投資」方式は、投資信託ならではの醍醐《だいご》味《み》だ。1社に絞って投資する株式投資とは異なる。投資先の1つがダメになっても、他の投資先の収益でフォローできるメリットがある。分散投資で得た利益はみんなで分配する。飽きたと思えば、途中で売ることだってできる（できないものも一部ある）。

投資信託は、証券会社や銀行、保険会社などで取り扱っている。1万円程度の少額な資金から購入することができる。

だが、運用のプロ（ファンド・マネージャー）にお願いするからには相応の謝礼（手数料）が必要。申し込み時、運用期間、解約時にそれぞれ発生する。会社によって異なる手数料の確認を忘れずに。

電子マネーってどういうもの？

目に見えない電子のお金。姿は変わっても、金銭的な価値は同じ

電子マネーは、お金と同じ価値を持つ電子的なデータのことで、ＩＣチップ（金属の小片）付きのカードに入れて使用するのが一般的だ。現金を電子マネーに変換して保存することを「チャージする」という。携帯電話の充電や車のガソリンを補充するのと同じ感覚だ。

具体的には、ＪＲ東日本のＳｕｉｃａ（スイカ）やソニー系企業ビットワレットのＥｄｙ（エディ）、セブン＆アイ・ホールディングスのｎａｎａｃｏ（ナナコ）などがある。予想以上の人気に発売制限がかかり話題になった、交通ＩＣカードのＰＡＳＭＯ（パスモ）も同じだ。すべてプリペイド（前払い）方式の電子マネーである。

電子マネーの見た目は、ただの薄っぺらなカードである。しかし、クレジットカードとは違い、**落としたカードを不正使用されても何の補償も受けられない**（クレジット併用型を除く）。リスクは財布を落としたときとまったく同じである。紛失には注意したい。

第二章

知っていると差がつく㊢常識

生活用品　コンビニ派vs.ディスカウントショップ派

コンビニは24時間営業していて便利だが、定価売りが基本。シャンプー、トイレットペーパーなど生活用品はすべて高めである。

一方、ディスカウントショップでは定価よりも2割以上安い商品を販売している。コンビニで生活用品を1ヵ月に8000円買っている人であれば、ディスカウントショップ生活に切り替えることで、1年で1万9200円以上の節約になる。

家計　現金生活vs.カード生活

家計診断をしていると、現金生活とカード生活の人では、貯蓄の額が違うことに驚かされる。

クレジットカードは、利用額に応じてポイントが貯まり、それを商品などに交換できるものが大半。ポイントを貯めるために、わざわざカードで支払う人も多い。だが、本当に恩恵を受けられるのは、現金生活と変わらぬ生活ができる、ほんの一握りの人だけ。家計のやりくりを考えると、現金生活の勝ち。

買い物　デパート積み立てvs.その場で買う

デパート積み立て（百貨店友の会）は、毎月一定額を1年間、デパートに積み立てて、満期になると「積立額の合計＋1ヵ月分の積立額」の商品券やプリペイドカードがもらえるもの。商品券などの金券の取り扱いはデパートごとに異なるが、使用期限のないものが多い。年利換算すると8・3％の好利回りだ。

買い物をするデパートを決めている人なら、断然お得。だが、たまにしか行かないのなら、話は別。デパート積み立てをすることで、必要以上に買い物をする可能性が高くなる。

積み立て　ふつう積み立てvs.お楽しみ積み立て

積み立てといえば、銀行の自動積立定期預金などが一般的。利息はつくがそれだけだ。ところが、地方銀行や信用金庫の一部などで、プレゼント付き積立定期預金（お楽しみ積み立て）を取り扱うところが出ている。城南信用金庫「城南夢付き定期積金」は利息のほかに、年1回、ふるさと特産品がもらえる。

家　一生賃貸vs.持ち家

35歳で3000万円のマンションを買った場合と、同じマンションを家賃11万円で借りて住む場合の80歳までの総費用(45年間)を比較してみた。

頭金1割、諸費用5%で、30年の住宅ローン(固定金利3%)を組んだ場合、毎月の返済額は11万4000円。管理費などを含めると、毎月13万9000円の出費となる。しかし、45年間の総費用でみると、持ち家のほうが約516万円も安い。

賃貸には、借金のない身軽さと借り換えのスムーズさというメリットがあるが、家賃をいくら払っても、家が自分の財産にならないむなしさもある。持ち家の場合、賃貸にはない固定資産税などの出費があるが、「自分の家」という安心感がある。

同じ広さの家に住み続けるなら、持ち家有利。だが、ローン(金利、期間)などにより結果が異なることも覚えておこう。

3000万円のマンション、どっちがお得?(金利3%の場合)

	一生賃貸	持ち家
毎月の住居費	11万円	13万9000円
45年間の総費用※	約7168万円	約6652万円

※持ち家の場合、固定資産税などの税金、リフォーム費用(500万円)なども考慮。物価上昇率は1%で計算。

家購入　マンションを買うvs.一戸建てを買う

毎月の出費でみるならば、マンションは不利。ローン以外に、**管理費や修繕積立金、駐車場代などがかかるからだ。**

管理費は、エレベーターなどの共用部分の清掃、点検、設備の交換などに使われる。金額は居住エリアや専有面積の広さなどで異なるが、首都圏の3LDKで1万5000円前後が相場。修繕積立金は、外壁の塗装・補修などの大規模工事に備えて積み立てるお金。新築当初は安めに設定して、築年数に応じて上がるケースが多い。月6000～1万円といったところ。

同じ広さ、エリアで比較した場合、一戸建てに比べてマンションは物件価格も諸経費も総じて安い。だが、マイカーのある人は駐車場代をさらに負担しなければならない。**費用面で考えると、一戸建て有利。**

持ち家　今すぐ買うvs.貯めてから買う

25歳男性が今すぐ家を買う場合と、5年後に頭金500万円を貯めて買う場合を比較。全期間固定で金利3％、60歳完済の場合、5年後に金利が1％程度上がっても、貯めてから買うほうが有利。しかも、長期固定で頭金なしは現実的ではない。頭金0円ローンは定期的に金利が見直されるものが多いからだ。**マイホームは頭金を貯めてから買う。これが大原則。**

家を買う時期　デフレ時vs.インフレ時

デフレは物価が下がり続けること。インフレはその逆。物価が上がり続けることで、モノの値段は高くなる。将来、家を売ろうと思っているなら、土地や建物の値段（時価）が今よりも上がったほうが得。「これからインフレになるぞ！」というときに買うのが得策だ。デフレ時はインフレ時よりも家が安く買えるメリットはあるが、購入後もデフレが進むと、家の時価は下がり、財産としての価値が低くなってしまう。**「デフレ→インフレ」に切り替わる時期が家の買いどき。**

車

車を持つ vs.車を持たない

車を持つ、持たない、どちらが得かのキーワードは「駐車場代」。駐車場代のいる、いらないで、車の維持費は大きく違う。左の表は車を所有するAさんの1ヵ月あたりの維持費である。ガソリン代や自動車税、車検費用、自動車保険料に比べて、駐車場代として払う費用が突出している。

駐車場代が高いところは、交通の利便性がよい場合が多い。言い換えるなら、車を手放しても、生活に困らない可能性が高いともいえる。

車に対する思いは人それぞれで、金銭面だけをみて判断することはできない。**だが、家計の見直しを迫られているのであれば、高い駐車場代を払い続けるよりも、「車を持たない」選択をしたほうがかしこいであろう。**

1ヵ月あたりの車の維持費

ガソリン代	5,000円
駐車場代	24,000円
自動車税	3,300円
車検費用	4,200円
自動車保険料	4,200円

ダントツ!

生涯賃金　正社員vs.フリーター

統計データをもとに、正社員とフリーターの生涯賃金をはじき出した。

高卒の男性が18歳から59歳まで、「管理・事務・技術職」として働いた場合の生涯賃金は次のとおり。

★正社員…2億915万円（うち、退職金2161万円）

★フリーター…1億1119万円（退職金ゼロ）

入社時の年収の差は約28万円。だが、その差はじわじわと広がっていき、50代前半になると、正社員の年収（587万円）はフリーター（278万円）の2倍以上。また、アルバイトや契約社員に退職金を払う企業は少ない。正社員でなくても、たくさんの収入を得る方法はある。でも、**今の日本の社会は、正社員に有利なしくみになっていることは確かだ。**

個人年金

10年でもらうvs.終身でもらう

10年確定年金と終身年金。毎月の保険料でみると、確定年金1万4052円に対して、終身年金3万3222円（※）と、大きく違っている。

払い込んだ保険料に対する年金の戻り率でみると、確定年金は約119％。終身年金がこの戻り率に達するには、84歳まで長生きしなければならない。日本人男性の平均寿命は約79歳だ。**今回の対決、「10年でもらう（確定年金）」の勝利。**

※ソニー生命。男性30歳、年金60万円、60歳払込終了、60歳開始で試算（2010年7月現在）

国民年金

65歳からもらうvs.70歳からもらう

老齢基礎年金（国民年金）は65歳開始が基本。しかし本人の希望があれば、66〜70歳に受け取ることができる。2010年度はこのとおり（満額の場合）。

★65歳からもらう…79万2100円（100％）
★70歳からもらう…112万4782円（142％）
65歳以降も働けるなら、年金開始を遅らせて年金額を増やしたほうがいい。

住宅ローンの保険

ふつうの団信vs.三大疾病《しっぺい》付き団信

住宅ローンの団信（団体信用生命保険）は死亡すると保険金が支払われ、遺族に借金が残らないしくみになっている。この団信に、三大疾病保障付きができた。団信の死亡保障に加えて、がん（悪性新生物）、脳卒中、急性心筋梗塞《しんきんこうそく》で所定の状態になると、借金がチャラになる。ふつうの団信よりも安心度は高い。だが、欠点が2つ。

①ローン金利が年0・3％高くなる

②三大疾病になっても、ローンが清算されないことがある

がんの場合、初期のがんである「上皮内がん」などは対象外。脳卒中や急性心筋梗塞の場合は、所定の状態が60日以上続かなければならない。**すでにがん保険や、三大疾病保障付きの保険に入っているのなら、「ふつうの団信」で充分だろう。**

マイホーム購入

死亡保障を増やす vs.死亡保障を減らす

借金は立派な相続財産である。借金を抱えている人が亡くなれば、原則として、相続人である家族に引き継がれる。

だが、住宅ローンを契約する際に、団信（団体信用生命保険）に入っていれば、家族に借金は残らない。あなたに万一のことがあったとしても、団信からローン残金相当の保険金が支払われ、住宅ローンがきれいさっぱり清算される。

賃貸暮らしの人が亡くなった場合、残された家族はその後も家賃を支払っていかなければならない。一方、団信をつけて家を買った人は、返済のない住まいを家族に残すことができる。**団信付きの住宅ローンを組むことで、万一のときの遺族の負担は少なくなる。家を買ったら、死亡保障を減らそう。**

住宅ローン

元利均等返済vs.元金均等返済

元利均等返済は、毎回の返済額をずっと変えずに返していく方法。当初は利息を多く払うことになるが、返済が進むにつれて、利息の割合は減っていく。一方、元金均等返済は、元金を返す金額を変えない方法である。当初の返済額は多くなるが、返済していくにつれて負担は少しずつ軽くなっていく。

金利3％（固定）の住宅ローンで3000万円借り入れた。返済期間は30年。どっちがお得？

★元利均等返済…毎月返済額12万6481円
返済額（合計）約4553万円

★元金均等返済…第1回目の返済額15万8333円
返済額（合計）約4354万円

総返済額は、はじめから元金を多く返す元金均等返済のほうが少ない（ここでは約200万円の差）。**家計にムリがないなら、元金均等返済のほうが得。**

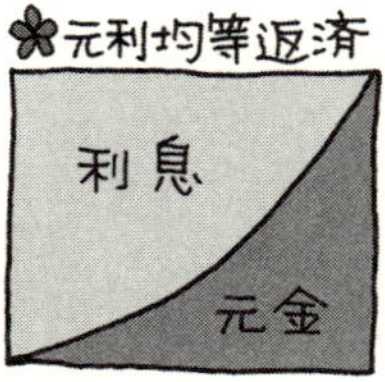

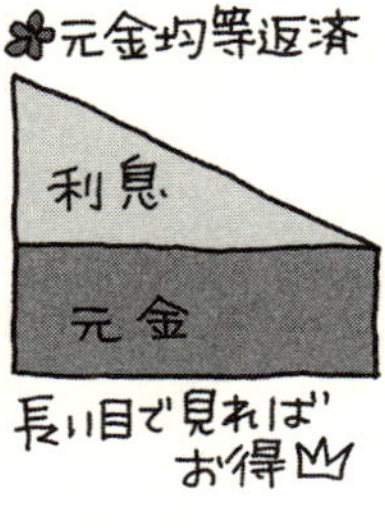

住宅ローン返済

借り換えvs.繰り上げ返済

住宅ローンを返済している人の多くは、お金が貯まったら、こまめに繰り上げ返済すべきだ、と考えている。

繰り上げ返済とは、100万円、200万円などのまとまったお金を入れて、元金の一部または全部を返す方法である。返済期間を短くしたり、返済額を軽くする効果がある。

有効な見直し方法の一つであるが、その前にもっと有効な方法である「借り換え」を検討したい。

借り換えは、新たにローンを組んで、今借りているローンを完済すること。「返済期間の短縮」や「返済額の軽減」だけでなく、変動金利型から固定期間選択型への切り替えなども可能だ。事務手数料や保証料などの諸費用はかかるが、金利差1％未満でも効果を発揮することも。より負担減が期待できる。

繰り上げ返済は、借り換えをした後でも遅くない。

ネットで借り換え試算ができる銀行

銀行名	URL
みずほ銀行	http://www.mizuhobank.co.jp/
三菱東京 UFJ 銀行	http://www.bk.mufg.jp/
新生銀行	http://www.shinseibank.com/

繰り上げ返済

期間短縮型vs.返済額軽減型

利息の負担を減らす効果がある繰り上げ返済には、返済額を変えずに返済期間を短くする「期間短縮型」と、期間を変えずに返済額を少なくする「返済額軽減型」の2種類がある。

3000万円の住宅ローン（金利3％、毎月の返済額12万6481円）。残り30年のタイミングで、貯金から100万円を繰り上げ返済した場合の効果は？

★期間短縮型…約140万円（1年7ヵ月短縮）

★返済額軽減型…約52万円（返済額は4216円減）

利息軽減効果は、期間短縮型が断然高い。家計にゆとりを持って返済している人なら、期間短縮型を選ぶべきである。

しかし、転職などを予定していて、先行きが不安定なときは、返済額軽減型のほうが無難《ぶなん》。

住宅ローンの金利　固定金利vs.変動金利

住宅ローンは長期間返済するものである。

★将来金利は上がると思うなら、低い金利を維持するのが得→固定金利

★将来金利は下がると思うなら、金利が見直され、より低い金利を利用できるほうが得→変動金利

金利の低いほうを選ぶだけではなく、金利がどう動くかで選択することも大事。

貯金　固定金利vs.変動金利

貯金（＝利息を受け取る）は、住宅ローン（＝利息を払う）の場合とまったく逆。

★金利が上がりそう…変動金利

★金利が下がりそう…固定金利

貯金の金利は、高ければ高いほど得をする。経済が上向き、金利は上がるかも……というときは、変動金利定期預金や定額貯金などの変動金利タイプの預貯金か、預け入れ期間が1年以下の定期預金（貯金）を選ぼう。

保険 予定利率vs.積立利率

予定利率は、生命保険の保険料を「これくらいの利回りで運用できるだろう」と、保険会社があらかじめ決めた利率である。予定利率が高ければ保険料は安く、予定利率が低ければ保険料は高くなる。契約時に決まった予定利率は、保険期間中ずっと変わらない。

一方、積立利率も保険料を運用するときに使われるものであるが、定期的に見直される点が違っている。変動金利型の預金と同じで、市場金利の動きが反映されるしくみになっているからだ。積立利率には最低保証利率が設定されていて、金利が下がったとしても、それを下回ることはない。

つまり、**予定利率は固定で、積立利率は変動**というわけ。金利がこれから上がるぞ、というときは、積立利率変動型保険を選択するのがかしこい。

定期保険

定期保険vs.定期預金

消費生活センターで、生命保険セミナーを行ったときの話。

「定期保険といったら、あなたは何を連想しますか？」

そう質問すると、ある女性が、「定期預金です。満期になるとお金がもらえる保険ですよね」と、答えた。

残念ながら、満期にお金がもらえるのは「養老保険」。定期保険は10年、20年など、一定期間に死亡した場合に、保険金が支払われるものである。

一方、定期預金とは、銀行に一定期間預ければ、預けたお金（元本）と利息が戻ってくる、元本保証の金融商品である。

定期保険と定期預金。商品性がまったく違うので、どっちが得といえるものではない。だが、定期保険は掛け捨ての保険である。お金を増やすことはできない。

医療保険の保険料

定期型vs.終身型

医療保険には一定期間を保障する「定期型」と終身保障の「終身型」がある。入院給付金日額1万円の医療保険（※）に、20歳の男性が加入した。毎月の保険料は、定期型（10年）＝２５６０円、終身型＝５６２０円。しかし、定期型の保険料は10年ごとに上がり、60歳で逆転する。**60歳以降の医療保障がほしいなら、終身型が得。**

※ソニー生命。終身型＝終身払い。２０１０年7月現在

死亡保険の保険料

定期保険vs.終身保険

万一に備える死亡保険には、一定期間を保障する「定期保険」と終身保障の「終身保険」がある。20歳の男性の例で、定期保険（10年更新型）と終身保険（利率変動型、60歳払い済み）の60歳までの保険料総額を比較してみた（※）。

★定期保険…約４７０万円　★終身保険…約１７８３万円

60歳までの保障でよければ定期保険の勝ち。

※ソニー生命。保険金額３０００万円。２０１０年7月現在

医療費　医療保険vs.入院特約

どちらも、病気やケガに備えるもの。医療保険がそれだけで入れるのに対して、入院特約はメインの保険の〝おまけ〟としてくっつけるため、単独で契約することはできない。さて、保険料はどうか。

80歳までで比較すると、医療保険＝３１６０円に対して、入院特約＝３４７０円（※）。おまけ（特約）でも割安ではなかった。よって、**医療保険のほうがお得！**

※ソニー生命。20歳男性、入院日額1万円、80歳満期。２０１０年7月現在

がんの医療費　がん保険vs.医療保険

がんによる入院であれば、支払制限がなく、入院日数に応じて給付金が支払われる「がん保険」。

医療保険はがんだけでなく、入院全般に備える。がんだけを考えるなら、がん保険が断然有利。だが、その他の病気やケガで入院しても、なんの給付も受けられない。

医療保険とがん保険、それぞれに、ほどほどに入るのが得策。

教育資金

学資保険 vs. 積立貯金

学資保険（こども保険）は教育資金づくりを目的にした保険である。コツコツと保険料を払い込めば、大学などの進学時にお金が給付される。親に万一のことがあった場合には、保険料の払い込みが免除になるものが多い。

一方、積立貯金の代表格といえば、銀行の自動積立定期預金。普通預金の口座から、あらかじめ決めておいた金額を自動的に振り替えるしくみになっている。

教育資金づくりなら学資保険、といわれていた時代もあったが、今はそうでもない。元本割れになっているものもあるからだ。契約前に、**払込保険料の総額と受取金の合計額のチェックを忘れずに。**

学資保険と積立貯金　どっちがお得？

	ソニー生命 学資保険	三菱東京 UFJ 銀行 自動つみたて定期預金
毎月積立額（保険料）	9936 円	1 万円
金利	—	0.06%
積立期間	18 年	18 年
受取額（手取り）	240 万円	217 万 1800 円

※ 金利は 18 年間変わらないと仮定（スーパー定期 1 年を利用した場合）
※ 学資保険は、子 0 歳男子、父 30 歳、18 歳満期Ⅱ型で計算
※ 2010 年 7 月 28 日現在

第三章

いざというときのお金
相場がわかる㊊常識

結婚祝い

披露宴に出席する場合の祝儀は「お祝い金＋食事代」となるため、出席しない場合よりも高く包むのが常識。**新郎新婦からみた間柄が、兄弟姉妹なら10万円。おじ・おばは5万円。そのほかは3万円が相場。**披露宴に欠席する場合は、出席時の3～5割程度が相場。兄弟姉妹なら3万～5万円。おじ・おばは2万～3万円、そのほかは1万～2万円。4万円（死）、9万円（苦）は避けること。

香典

香典は亡くなった故人との間柄により相場が異なる。目安は次のとおりだが、つきあいの深さによって調整しよう。**★両親…10万円　★祖父母…1万円　★兄弟姉妹…5万円　★おじ・おば…3万円　★その他の親戚…1万円　★友人、隣近所など…3000～5000円**

会社関係の場合は自分の年齢などで変わる。20代は3000～5000円。30～40代は5000～1万円。50～60代は5000～2万円。

中元・歳暮

お中元やお歳暮は、日頃の謝意として、上司、親・親戚、仲人、習い事の先生などに贈るもの。**3000～5000円が目安**。

お中元は、7月初旬から7月15日までに贈るのが基本。旧盆の習慣のある関西地方の人に贈る場合は1ヵ月遅れの8月15日までに。

お歳暮は、12月初旬から12月20日ごろまでに届くように手配すること。

病気見舞い

病気見舞いの相場は、5000～1万円。**知人・友人・勤務先だと5000円程度。親戚は1万円程度が目安**。

現金だと冷たい印象を与えることもあるが、袋の表書きを「お見舞い」ではなく「御寝間着代」などと書き、「好みがわからなかったので……」という言葉を添えると、印象が違う。

現金ではなく、タオルや寝巻きなどの実用性のあるものを持っていくのもよい。

出産祝い

兄弟姉妹が出産した場合は2万円が相場。自分の子どもに赤ちゃん（孫）が生まれた場合は2万〜5万円。友人や同僚が出産した場合は5000〜1万円。会社の上司や後輩の出産は連名で5000〜1万円が相場。

新築祝い

新築祝いの金額は相手との間柄や親しさによる。**相場は、友人1万円、身内ならば3万円。**

相手の希望を聞いたうえで、インテリアやグリーンなどの品物を贈るのが一般的である（ただし、火事を連想させるものはタブー。灰皿、ストーブ、赤いものは避けるように）。親しい間柄であれば現金でもよいが、いずれにしても新築披露に招待されたときに持参しよう。

新築祝いのお返しは、新築披露でおもてなしをしたら不要。高額なお祝いをもらった場合は、金額は3分の1から2分の1を目安に品物を贈ろう。

お年玉

親戚の子どもにあげる場合は親などの身内に確認を。親戚同士で「年齢にかかわらず1人1000円」などのルールを決めている場合があるからだ。それがないときは、次に紹介する相場を参考にしよう。**★乳幼児…1000円　★保育園、幼稚園…2000円　★小学生～高校生…3000～5000円　★18～22歳の学生…1万円**

その他お祝い

還暦祝いは数え年で61歳になったときのお祝い。家族ならプレゼントが喜ばれるが、親戚で祝宴に招待された場合はお金を包んで持参したほうがよい。相場は次のとおり。**★子ども…2万～3万円　★親戚…5000～1万円　入学祝いは、小学校までで1万円、中学～大学（短大、専門学校）は2万円が相場。**

物を贈る場合は重複《ちょうふく》しないように事前に聞いておくか、図書カードや商品券などにするのが無難《ぶなん》。

【病気・ケガなど】

死亡の保障

死亡保障は家族の人数・年齢、収入、生活費、職業、持ち家の有無などで異なる。妻と子2人（末子0歳）を養っている男性の大まかな目安は次のとおり。**★会社員（持ち家）…3000万円　★会社員（賃貸）…5000万円　★自営業（持ち家）…6000万円　★自営業（賃貸）…8000万円**

がんの治療費

がん治療にかかる金額（全部位平均）は91万5973円（※）。詳細は次のとおり。

①入院中の手術・処置関連費…34万9000円　②入院前・退院後の通院費…9万6000円　③差額ベッド代（個室料）…16万2000円　④入院時の食事代…3万1000円　⑤本人・家族の交通費…5万1000円　⑥見舞い返しなど…14万円　⑦生活補助費…37万3000円

①②は高額療養費制度の対象なので実際の負担は少ない。

※2004年「アフラック初回請求者調査」より。調査項目の母数は異なる

不妊治療

不妊の原因を探る基礎検査やタイミング法の段階であれば、おおむね健康保険が適用される。だが、人工授精、体外受精、排卵誘発剤などは、全額自己負担となる。相場は次のとおり。**★人工授精（1回）…1万～3万円　★体外受精（1回）…20万～35万円　★排卵誘発剤（1本）…1000～3000円**

なお、すべての自治体では不妊治療費の助成を行っている。体外受精および顕微授精以外の治療法では妊娠の見込みがない（またはきわめて少ない）夫婦（合算所得730万円未満）が対象。給付額は1回上限15万円（年2回まで）。

手術

健康保険の対象とそうでないものがある。**★乳がん部分切除…約38万円　★胃の全摘出…約79万円　★盲腸…約20万円**

これらは健康保険の対象となる手術。この場合、いくらかかっても患者は高額療養費制度により一定額（月9万円または16万円程度）を支払えばよい。

入院

入院費には、健康保険が使えるものとそうでないものがある。健康保険の対象となる入院費は高額療養費制度が受けられるので、実質負担する金額は一定額（9万円または16万円程度※）を超えない。一方、入院中の食事代や差額ベッド代（個室料）、先進医療、入院諸雑費などは健康保険の対象外で、全額自己負担となる。

※2010年度

入院中の個室料・食事代

1人部屋の平均室料は1日6914円。差額ベッド代は1日50円から21万円まであり、病院・病室による差は大きい（2009年調査）。

入院中の食事代は、所得、年齢によって金額が異なる。**一般の場合は1食あたり260円。住民税非課税世帯なら、1食あたり100～210円になる（2010年度）。**

親の介護費用

介護費用は、要介護度の認定によって大きく違ってくる。アルツハイマー型認知症の69歳の男性。公的介護保険の要介護5（最も介護が必要な状態）に認定された。在宅介護サービスを受けている。この家庭の1ヵ月間の介護費用は3万5452円。仮に介護保険に認定されずに同じサービスを受けたとしたら、1ヵ月に35万4520円かかる。※生命保険文化センターHP「ひと目でわかる生活設計情報〈介護〉」

公的介護保険

公的介護保険のサービスを利用した場合は、その費用の1割を自分で支払う。寝たきりなどの程度に応じて、1ヵ月間に利用できる介護サービス費用の上限が決まっていて、それを超えて利用した分は全額自腹だ。

在宅介護サービスの利用限度額は、支援が必要な状態が最も軽い**「要支援1」で4万9700円程度（自己負担は4970円程度）**。最も重い**「要介護5」で35万8300円程度（自己負担は3万8300円程度）**となる。

生活費の平均

総務省の家計調査年報（2009年）によると、**勤労者世帯（単身者除く）の1ヵ月間の生活費は28万3685円**。内訳としては、食費6万2868円、水道・光熱費1万8124円、被服および履物費1万2607円、教育費1万4351円であった。注目は交通・通信費の4万2567円。携帯電話料金の大幅増で食費に次ぐ出費となっていた。携帯電話を1人1台持つ時代を反映した結果といえる。

子どもの教育費

文部科学省などの調査（2004～2006年度）によると、幼稚園（2年）～大学（4年）をすべて国公立に進学した場合の教育費は約774万円。一方、すべて私立（大学理系）であれば、その2倍の約1565万円もかかる。**★私立小学校(6年)…約258万円　★私立中学（3年）…約382万円　★私立高校（3年）…約310万円　★私大文系（4年）…約377万円　★私大理系（4年）…約513万円　★国立大学（4年）…約243万円**

失業中の手当

6ヵ月以上雇用保険に入っていた人が会社を辞めた場合、ハローワークで手続きを行うと、失業手当などがもらえる。**失業手当（日額）は「離職日直前6ヵ月間の賃金を180で割った金額×0・5〜0・8」（59歳以下。上限あり）**。

手当が受けられる期間（所定給付日数）は90〜360日で年齢や離職理由などで決まる。

たとえば、年収360万円のAさん（28歳、勤続期間6年、自己都合退職）なら、1日5722円の失業手当を最長90日まで受けられる。

所定給付日数を3分の1以上（かつ45日以上）残して再就職すると、「残りの所定給付日数×0・3〜0・5×失業手当日額」の再就職手当がもらえる。

失業手当の受給手続きは「辞めた日の翌日から1年以内」。早めの手続きが吉。

子どもの学習塾

子どもの学習費調査（※）によると、小学1年生までは、通信教育などの家庭内学習費の割合が高いが、小学2年生からは逆転して学習塾に通う子が増えている。

そんな子どもたち1人につき親が負担している学習塾代（年間）は、次のとおり。

★小学生…（公立）約9万円 ★中学生…（公立）約24万円（私立）約19万円 ★高校生…（公立）約13万円（私立）約14万円

※文部科学省調べ（2008年度、1000円以下は四捨五入）

子どものこづかい

毎月のこづかいの決め方は「年齢×100円」など、家庭によってさまざまだが、平均的な金額は次のようになっている（※）。**★小学1・2年生…826円 ★小学3・4年生…905円 ★小学5・6年生…1150円 ★中学生…2552円 ★高校生…6045円**

※金融広報中央委員会調べ（2009年）

大学生の生活費

学生生活調査（※）によると、大学生の生活費（学費除く）は「自宅通学」「学生寮に入って通学」「下宿などから通学」ではずいぶん違ってくる。

★学生寮の年間生活費…75万2000円　★下宿などの年間生活費…104万7400円

一方、親からの仕送りは学生寮151万4900円、下宿175万9000円（学費ふくむ）。77・6％の学生がアルバイトをしている。

※日本学生支援機構調べ（2008年度）

成人式

どんな衣装で参加するか、また、記念写真を撮るか否かなどによって、かかる費用は異なる。**振り袖をレンタル（ヘアメイク、着付け、撮影込み）にするのなら、10万～20万円が相場。**購入する場合は、10万円程度のものから100万円以上するものまでピンキリだ。

結婚式

結婚トレンド調査（※）によると、首都圏の結婚式費用（挙式・披露宴）の平均は312万2000円であった。そのうち、披露宴に関する費用は次のとおり。

★ホテル…334万1000円　★一般の結婚式場…325万円　★レストラン…255万4000円　★ハウスウエディング…393万3000円

※結婚情報誌「ゼクシィ」（リクルート発行）2006年調べ

離婚慰謝料

慰謝料は配偶者の浮気などで精神的・肉体的な苦痛を償《つぐな》うために支払われる損害賠償金。財産分与や養育費とは別に請求できる。

協議離婚の慰謝料は300万〜400万円程度が相場。 調整がつかない場合は、家庭裁判所での調停・裁判で決めることになる。

訴訟費用は負けたほうが負担。弁護士費用はそれぞれが負担する。ただ、過去の判例をみる限り、慰謝料は高くても500万〜600万円といったところである。

老後資金

老後のゆとりある生活に必要な費用は、平均月38万3000円といわれている（※）。ただ、これは老齢年金を考慮していない金額。65歳からもらえる年金額によって、定年までに用意しておくべき老後資金額は異なる。

★年金額月20万円…必要資金7686万円　★年金額月15万円…必要資金9786万円　★年金額月10万円…必要資金1億1886万円

※生命保険文化センター（平成19年度生活保障に関する調査）

老後の年金

社会保険庁（当時）「事業年報（2007年度）」によると、**国民年金（老齢基礎年金）を受け取っている人の年金額（平均）は年64万3224円（1ヵ月あたり5万3602円）**。その4割は月額6万～7万円の年金を受給している。

一方、**厚生年金から老齢年金を受給している人の年金額（平均）は、年193万2708円（1ヵ月あたり16万1059円）**。

家の設計料

本体工事費は施工業者に払うもの。**建築家には別に「設計・監理料」を支払う。本体工事費の10～20%が目安。**本体工事費が2000万円なら200万～400万円を用意するとよい。

なお、本体工事費が1000万円、2000万円……と大きくなるほど、設計・監理料として支払う料金の割合は低くなるのが一般的。

リフォーム

リフォーム計画を立てるとき、工事費用がどの程度かかるのか、目安がわかると安心だ。国土交通省「増改築・改装等調査結果（2004年）」によると、次のとおり。

★増改築…約788万円　★屋根ふき替え工事…約208万円　★内装の模様替え工事…約182万円　★浴室の設備改善工事…約136万円　★台所の排水設備改善工事…約134万円　★トイレの設備改善工事…約121万円　★窓・扉の取り替え工事…約69万円

葬儀費用

葬儀費用には、①葬儀を行うための費用（祭壇費用など）②式場使用料　③香典返しのための費用　④飲食費用（平均は約39万円）⑤寺院の費用（平均は約49万円）⑥心づけ　がある。⑥心づけは葬儀を手伝ってくれた人への謝礼。**⑥を除く全国平均（※1）は約236万円**。東京都では、運転手3000〜5000円、火葬担当者5000〜1万円が相場（※2）。

※1…日本消費者協会調べ　※2…全日本冠婚葬祭互助協会調べ

お墓を買う

お墓は、土地と墓石を購入しなければならない。墓地の使用権を「永代使用料」という。**東京23区であれば、133万8000円が相場（0・79㎡）**。使用期間を限定しているところもあるので注意。墓石費用は石の種類、大きさ、デザインにより異なる。**相場は1㎡で110万〜210万円（墓石工事代込み）**。

※相場は、お墓サポートセンター調べ

【その他】

海外に移住

海外移住は長期滞在ビザか、観光ビザで日本に定期的に帰るなどの工夫が必要。長期滞在ビザを得るには資産などの条件をクリアする必要がある。比較的ハードルの低い人気のマレーシアで10年滞在ビザが取得できる人は次のとおり（50歳以上）。

【条件】①マレーシアで15万リンギットの定期預金を預ける。②月1万リンギットの年金収入の証明。③35万リンギット以上の資産証明。①〜③のすべてを満たすこと。

遺言書の作成費用

遺言書には公正証書遺言と自筆証書遺言がある。自筆証書は自分で書く遺言書。無料でつくれるが、遺族が家庭裁判所の検認を受けずに開封した場合などに無効になる。公正証書遺言の場合、相続財産などにより費用が異なる。5000万円の財産を妻1人に相続させる場合の手数料は2万9000円。**文面作成をプロに依頼したら、さらに費用がかかる。弁護士に依頼した場合は10万円、行政書士なら5万円が相場。**

弁護士を頼む

弁護士費用には着手金、報酬金、手数料、実費、法律相談料、顧問料などがある。着手金は結果にかかわらず支払うもの。報酬金は成功の程度に応じて支払う。敗訴は０円。法律相談料は１時間１万円。**離婚調停で慰謝料２００万円、子どもの親権と養育費（月３万円）を得た場合は「着手金20万～30万円＋報酬金20万～30万円」。交通事故の損害賠償請求（請求額１０００万円）は「着手金30万円＋報酬金50万円」。**

※日本弁護士連合会２００８年アンケート結果より

税理士に依頼

法人の顧問料として最も多い料金設定は月３万～５万円。決算書類の作成を依頼する場合は別途10万～20万円かかる。また、**自営業者などの個人の顧問料は、月１万～３万円、決算時５万～10万円が多い。**ただし、１億円を超えると先の相場より高くなることが多い。

※東京税理士会調査（２００５年）

便利屋さん

あらゆる雑事を引き受けてくれるのが便利屋さん。お店によって得意分野や料金は違っているが、相場は次のとおり。**★雑事一般（草刈りなど）…1件8000円 ★網戸の張り替え…1時間3000〜5000円＋材料費 ★並び代行（チケットや願書入手、花見の場所取りなど）…1時間3000〜5000円 ★ごみ処分…1㎥あたり1万〜2万円＋車両費＋人件費**

探偵依頼

夫（妻）が浮気をしているか知りたい。このようなときに頼りになるのが探偵社、興信所である。調査費用の相場（※）は次のとおり。**★行動調査（浮気調査など）…3日間で約10万〜30万円、7日間で約20万〜70万円 ★行方不明調査…約5万〜30万円 ★信用調査（個人）…約3万〜15万円 ★盗聴・盗撮発見調査…約2万〜8万円 ★ストーカー調査…約5万〜20万円**

※東京情報調査士会による

鍵の紛失

鍵のトラブル緊急サービスの料金は業者、鍵の種類、時間帯（夜間早朝は3割増しが多い）によって違う。相場は次のとおり。**鍵の開錠は出張料2000〜3000円＋開錠費用（一般の鍵2100〜6300円。ピッキング防止機能付きの鍵などは5250〜1万5000円）**。依頼したあとに見つかるなどしてキャンセルする場合は出張料を払うのが一般的。鍵を交換するとプラス3000〜2万円必要（種類による）。

カードの再発行

クレジットカードやキャッシュカードを紛失したり、盗難にあったときは、カード会社と警察にすぐに連絡を。所定の手続きをとり、手数料を払えば、カードを再発行してくれる。再発行手数料はカードによりまちまちだ。クレジットカードなら、ファミリーマートの「ファミマカード」で787円。キャッシュカードなら、三菱東京UFJ銀行で1050〜2100円。ソニー銀行で1575円（※）。

※2007年5月2日現在

貸金庫利用

自宅の火災や地震、盗難などで大切な財産を失いたくない。そんなときに役に立つのが、貸金庫。銀行や信用金庫などで利用できる。利用料金は金庫の大きさ、種類などにより異なるが、**小型金庫（高さ5～10㎝、幅25～30㎝、奥行き40～50㎝）で年間1万～2万円程度**。手動型、半自動型、全自動型があり、手動型は比較的安い。

トランクルーム

1㎥あたり月2500円程度が相場だが、レンタルスペースの広さ、地域、空調管理などの保管状況などにより料金は異なる。毎月の使用料とは別に、取扱手数料（初回のみ）や入出庫料（荷物の出し入れ時に払う）、火災保険の年間保険料が必要なところもあるので注意。なお、**業者を選ぶ際は倉庫業登録または国土交通省の認定を受けているかの確認を**。これがあるところは、一定の保管基準をクリアしている。

クリーニング

お店に持ち込んだ場合のクリーニング料金は、**紳士スーツ（上下）で1着800〜1800円が相場。**ハイクラス仕上げはさらに高いが、付加価値がつく。白洋舎の場合、標準料金1890円のところ、ローヤル料金は3570円（※）。しかし、ボタンのゆるみや簡単なほつれ、ある程度のシミ抜きもしてくれる。**布団の丸洗いは、送料込みで1枚5000円程度が相場。**

※2007年6月1日現在

ハウスクリーニング

ハウスクリーニングには日常の掃除を行う「家事代行型」と、エアコンの洗浄など、特殊な機械・器具・洗浄剤などを使う「専門型クリーニング」がある。家事代行型は1時間3000〜4000円で、1回2時間以上からが相場。専門型の相場は次のとおり。**★エアコン…1台1万〜1万5000円 ★キッチン…2万〜3万円 ★浴室…1万〜2万円 ★すべて（3LDK）…5万〜10万円**

ペット（犬）

犬1匹にかかる年間費用は次のとおり（※）。**★えさ代…6万3936円　★病院代…5万1592円　★予防注射…9972円**

不妊手術費用は大型犬（オス）なら1万5000〜4万5000円。

※東京都生活文化局「ペットに関する調査報告書」

レンタカー

車種ごとに、6時間・12時間・24時間・以後1日といった使用時間に応じた料金体系がある。たとえば、**乗用車（トヨタ・ヴィッツ）の相場は5250〜5775円（税込み・6時間まで）**。24時間までなら6825〜7875円。以後1日ごとに5775〜6300円かかる。

8人乗りのワゴン（トヨタ・ノア）では、6時間まで1万3650円（税別）、24時間まで約2万円が相場。夏期や北海道は別料金。

相場は、大手3社の通常料金で計算（2007年）

第四章

損しないための㊜ルール

振り込め詐欺には折り返しの電話を

親族、警察官、弁護士等を装って、交通事故の示談金等の名目で電話をしてくる「振り込め詐欺」。実際には融資しないのに融資の保証金を振り込ませてだまし取る「融資保証金詐欺」。いずれの手口も振り込みを要求されるものである。ひとりで抱え込み、振り込んでしまわないで、ひとまず家族や最寄りの消費生活センターに相談しよう。一拍おくことで、被害を未然に防げるケースも多い。そして、「**振り込め」と言われても、すぐに振り込まずに、名乗り先に1本電話を入れることが重要である。**たとえば警察を名乗るのであればその警察署に、NHKや総務省など公的機関を名乗るのであればその機関に確認することで、不安も解消する。必ず、〝**こちらから**〟電話番号を調べて連絡するのが大切なポイントだ。

エリートもひっかかる架空請求詐欺

架空の事実を口実にして請求をしてくる「架空請求詐欺」。意外にも、ひっかかりやすいのは、社会的地位のある人。たとえばアダルトサイトの閲覧などで身に覚えがあった場合、恥ずかしい、このくらいの額なら……とメンツを気にして振り込んでしまうケースが多い。ふだんから品行方正にしておくことがいちばんの防御!?

裁判所発信の文書は無視せず、対処を

さらに巧妙な、裁判所の「支払督促《とくそく》」を悪用する「架空請求詐欺」は要注意。支払督促というのは、簡易裁判所の裁判所書記官が、債務者に金銭等の支払いを命じる督促手続き制度。たとえ債務に心当たりがなくても支払督促を受け取って、2週間以内に異議を申し立てないと、不利益を被《こうむ》るおそれがある。**支払督促を悪用した架空請求詐欺は、そのまま放置してはいけない。簡易裁判所に書類の真偽を確かめよう。**

必ず使うお金はカード払いでポイントゲット

クレジットカードを使うとお得になること、それは、ポイントで商品やキャッシュバックが得られる点だ。ポイントにつられて本来不要なものまで買うのはご法度《はっと》だが、**毎月必ずかかる支出を、銀行引き落としからカード払いに切り替えると、想像以上にメリットが**。たとえば、東京在住でJCBカードを持っているAさん（33歳）の場合。毎月の水道・光熱費など3万〜4万円（1年で約40万円）を、口座引き落としからカード払いに変更しただけで、1年で4００ポイント獲得。調理用器具をもらった。ただし、カードごとにカード払いが可能な公共料金などや、ポイント付与のしくみは違う。自分の生活スタイルに合うカードに集約するとメリットは大きくなる。

コンビニと銀行には相性がある

便利だけど手数料がかかるコンビニATM。実は相性のよいコンビニだと手数料はタダに。**三菱東京UFJ銀行ならセブン-イレブン、ローソン、ファミリーマートなどで、三井住友銀行ならam/pmで平日日中のATM引き出し手数料が無料。新生銀行はセブン-イレブンで24時間365日無料、など（2010年7月現在）。**

振り込み手数料無料サービス

けっこうバカにならない振り込み手数料。振り込み頻度などに応じた金融機関選びも大切。

新生銀行は、インターネットを使った振り込みが他行宛でも月1回は無料。同じ金融機関口座への振り込みなら、イーバンクやソニー銀行、三菱東京UFJ銀行（個人・ATMでカード振り込みの場合）は無料。ゆうちょ銀行の総合口座同士も今は手数料無料（2010年7月現在）。

気をつけたい暗証番号の落とし穴

最近は暗証番号を盗まれて、不正にお金を引き出される被害が続出。**他人に推測されにくい暗証番号の工夫が必要になってきた。**たとえば、「初恋記念日」「昔住んでいた寮の部屋番号」「初めて子どもが歩いた日」など、その人にしかわからない昔の足跡から暗証番号をつけてみては？

なお、パソコンでネット通販やネットバンクを利用する際、**暗証番号の入力省略機能を使っていると、知らない間にスパイウイルスが入り込んで情報を盗み出される危険性も。**

また、1つの番号に絞っていると、それが盗まれたときのリスクが大きい。複数の暗証番号にして、自分にしかわからないように手帳にメモしておくのも一つの手。何より、本人が忘れてしまわないように注意。

通帳と印鑑は分けて保管

誰もが一度は頭を悩ますのは、通帳と印鑑の保管場所。**別々の場所に置くのが鉄則で、それぞれを違う部屋に置いたほうがよい。**

盗難防止に、複数のダミーの印鑑を用意しておくのも手。通帳に副印鑑票がつかなくなって久しいので、印鑑を複数置いておくことで、本人以外は引き出しするのが難しくなる。ただし本物とダミーの使い分けには充分注意しておきたい。また、共働きで不在がちだと通帳を持ち歩く人も多いが、これもNG。印鑑は自宅、通帳はカバン、すなわち別保管ということだが、落としたりひったくりにあうリスクのほうが高い。コストはかかるが貸金庫を活用すればより安心だ。家の権利書、多数の保険証券がある人など、検討してみても。

銀行・郵便局の金利比較はここでチェック

預け先の金利を知りたくても、わざわざ窓口で聞くのは面倒。何より他行に比べて高いのか低いのかは、それだけではわからない。**「日経マネー」や「あるじゃん」など、マネー誌の後ろのページには主要な金融機関の金利が一覧で載っている。ぜひ活用を。**インターネットなら、yahoo! ファイナンス（http://finance.yahoo.co.jp/）などで全国の金融機関の金利が一覧で見ることができる。

たばこを吸わない人は保険料がお得

たばこを吸わない人の保険料を割安にしている保険会社も増えてきた。たとえば一定期間の死亡保障の保険では、年代・性別によっても異なるが、30〜40％オフのところも。〝たばこを吸わない人〟の一般的な判断条件は、禁煙歴が1〜2年以上。

貯金より断然お得な前払い

たとえば、**国民年金保険料は、口座引き落としで1年分前納すると、月払いに比べて3800円（年約2・1％）もお得に。NHKの受信料カラー契約も年間最大1230円（年約7％）お得、といった具合だ（2010年度）。**

生命保険料や損害保険料も、月払いより年払いがお得に。これは、口座引き落としの回数が減る分、コストが少なくてすむことも反映している。特に、数年間にわたる長期契約の保険料を一括払いすると大きな割引率になる。たとえば住宅ローンに合わせて保険期間30年で入った火災保険料も、もしまとめて一括払いできるなら、約20年分の保険料相当額の払い込みですむものもある。

前払いでお得な割引制度

小規模企業共済	前納掛金に対して1ヵ月あたり0.9／1000に相当する額が割り引かれる。1年まとめて払うと1.08％お得。
学資保険の保険料	一時払い、年払い、半年払い、の順で割引率が高い。ソニー生命の学資保険（親＝30歳男性、子＝0歳男子、満期学資金200万円、18歳満期2型）の場合、一時払い（158万360円は月払い（8280円）に比べて約25ヵ月分お得。
火災保険	一時払い、年払い、月払い、の順で割引率が高い。セゾンの火災保険（基本補償のみ、保険期間10年）の場合、月払いに比べて一時払いは12.5％安い。

※2010年7月28日現在

保険料、積み立てよりも多い場合は、払いすぎ

「貯蓄が少なくて不安だから」と、生命保険に多額の保険料を払っている人は多い。だが、これはたいへん危険なことだ。このままでは、「保険料が家計を圧迫する」↓「積み立てにお金をまわせない」↓「いつまでたっても貯蓄が増えない」↓「万一のときがさらに不安になる」……という悪循環スパイラルに陥《おちい》ってしまう。**貯蓄にまさる保険はない。毎月の保険料は毎月の積立額以下にする。**これが鉄則です。

保険の掛け捨ては損？

掛け捨て保険とは、あらかじめ定めておいた期間に入院したり、死亡したりした場合に保険会社からお金がおりるというもので、保険料はいたって安い。**シンプルに保障だけがほしい場合や、保険料を抑えたい場合に、うまく活用したい保険だ。**

医療保険は万能ではない。もらえないのはこんな場合

入院・手術をすれば、必ず医療保険からお金がもらえると思っている人は多い。

だが、あなたの医療保険が入院給付金を「5日以上5日目から」支払うものであれば、4日以内の入院は対象外。10日間の入院でも4日分が差し引かれるため、6日分しかもらえない。

また、**入院は治療目的のものでなければ、医療保険の対象にはならない**。介護目的の入院や末期がんでホスピス病棟に入院する場合などでは入院給付金が受けられないことがある。

手術給付金にいたっては、約款《やっかん》に記載されている手術でなければダメだ。対象となる手術は保険商品ごとに異なるが、扁桃腺を切除する手術は給付の対象外になっているものが多い。

保険は「こんなときにこれだけ払う」という保険会社との約束にすぎない。どんな入院にも頼れる医療保険など存在しないのだ。それができるのは貯金だけ。保険を過信してはいけない。

専業主婦の離婚、こんなに変わった

老後の年金は保険料を納めた人に給付されるのが基本。会社員なら老齢基礎年金（国民年金）と老齢厚生年金（厚生年金）が、専業主婦（第3号被保険者）なら老齢基礎年金がもらえる。しかし、これをくつがえす制度ができた。「離婚時の厚生年金分割制度」である。

専業主婦（第3号被保険者）である妻が離婚すると、妻の老後の年金が自動的に上がるのだ。対象となるのは、2008年4月以降の離婚。**2008年4月以降に第3号被保険者であった期間の厚生年金保険料が、離婚によって、妻が半分納めた扱いになる（夫は半減）。**

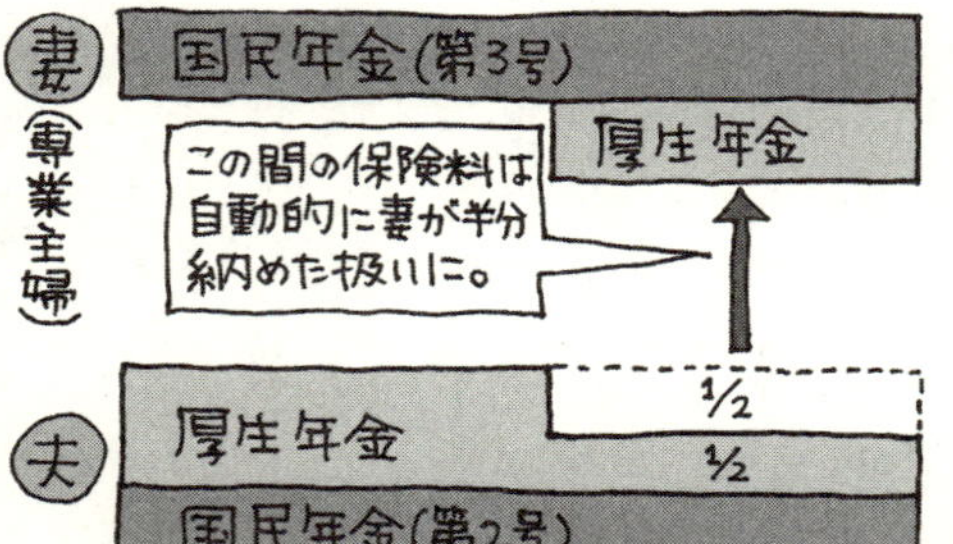

火災保険は住まいの万能プレイヤー

火災保険は、何も火災だけに備える保険ではない。オールマイティな住まいの保険となるべく、年々補償内容が拡充されている。

「雷が落ちて、家電製品が壊れた」ときに家電製品の修理費用が出る。火災保険の種類にもよるが、**「盗難」「給排水設備が故障して水浸し」の損害も、火災保険でカバーされることも。**

相続税、実際に払う人は全体の5％以下

遺産分割や相続税など、何から手をつけていいか頭を悩ます人も多い。でも、相続税を納付する人は全体の5％以下。その理由は、**［法定相続人の数］×1000万円＋5000万円の財産までは課税されないから。**相続人が3人なら8000万円までは非課税になる。

魅力のネット銀行に不正引き出し問題が浮上

インターネットで手軽に振り込みや入出金照会などができる「ネット銀行」は、金利が高く、各種手数料が安いのが魅力。ただ、最近ではインターネットバンキングの不正引き出し問題が浮上。しかし、**この被害に対する補償は銀行の自主的な判断で行われているにすぎない。ご注意を。**

高金利の外貨預金2つのリスク

円よりずっと高金利だからとよく考えないで買ってしまうと、思わぬやけどを負うことも。

外貨預金で要注意のリスクは2つ。1つは、**為替《かわせ》が変動するリスク**。買ったときより円高が進んだ状態で売ると、元本《がんぽん》割れすることも。もう1つは**破綻《はたん》時のリスク**。外貨預金はペイオフ対象外だから、預け入れ金額はほどほどに。

住居費は年収の25％以内に

住居費は年収の25％におさめたい。これは賃貸でも持ち家でも同じ。その理由は2つある。

1つには、家計支出の理由から。人が生活するには食費や被服代など最低限必要な支出がある。年収にもよるが、食費・外食費は収入の10〜20％程度、水道・光熱費や公共料金は5〜10％程度、携帯電話も含む通信費は3〜5％程度、保険料は5〜10％程度といった具合に、毎月のランニングコストが必要だ。こづかいや貯蓄、レジャー費用なども視野に入れると、**住居費は20〜25％程度におさめるのが理想的。**

もう1つの理由は、融資条件の立場から。公的融資では一般に、返済額の4倍以上の月収があることが条件になっている。つまり、収入に対する借入額の割合は25％までで。民間の金融機関でも、年収に対して35％を上限とするところが主流。目いっぱい借りると実際にはかなりキツイ。安心ラインは25％でみておこう。

クレジットカードで儲《もう》かるのは誰？

それは、ずばりクレジットカード会社。クレジットカードを導入してコストを負担するのはお店側。カードで精算できるようにするためには、お店側は手数料をクレジットカード会社に支払う必要があるのだ。お店としては、そのコストを上回る集客や売り上げが見込めなければ、カード導入のコストの分だけ売り上げ減ということになる。では、利用する側の我々は損も得もしないのかというと、実はそうでもない。それまで関心を持たなかった高価な商品も、分割払いだからと買ってしまう。あるいは、現金でならば決してしないような衝動買いをしてしまう。それほど必要性が高くないものも、ポイントがつくから買ってしまうなど、**ついつい財布のひもがゆるみがちに。**

リボルビング払いには手を出すな！

リボルビングの意味は、〝ぐるぐる回る〟。カードで買い物した際、リボ払いにすると、いつまでも返済が終わらない借金地獄の道に。そのわけは、**少ない返済額のためつい買い物に拍車がかかること**と、**10％を超える高い金利**にある。利息ばかり返して、借り入れた元金部分はなかなか減らない事態になってしまう。**毎月の返済額は小さいから、借金の総額が自覚しづらいのも怖い**。手を出さないことだ。

カードを紛失！　即、すること

すぐにカード会社に電話を！　このときにはカードナンバーは不要で、カードを持っている本人がかければＯＫ。「カード裏面に署名がない場合はお客様のご負担になる場合もございます」とあるので、**カードに自筆署名を忘れずに！　カード会社の電話番号はカード裏面に書いてある。万一のために手帳などに控えておこう。**

飲酒事故はもらえる保険が少ない

飲酒運転で事故。たとえば**自動車保険の場合、自分のための保険（車両保険、自損事故保険など）からはいっさい保険金が出ないから、自分の損害や治療費はすべて自腹に。**生命保険の入院特約や医療保険も飲酒事故では給付金がおりない。

預け分け、こんなデメリットも！

今はATMからの現金振り込み10万円まで、1日の引き出し50万円までの時代。住宅の頭金など、複数の預け先から1ヵ所にお金をまとめる際には、手間や振り込み手数料が予想外にかかる。手数料節約のために近くの銀行まで現金の束を抱えていく人も多いが、それも危険！

ビール好きは高額納税者？

ビールの値段の約46％は、実は税金。大びん1本あたり約139円（2010年7月現在）は、酒税である。ビールの基本税率は2006年に少し下がったが、なお高税率だ。350㎖あたりの酒税額はビール77円に対して、発泡酒47円、ビール風のお酒28円。税率の違いが値段の格差を生んでいる。なお、清酒は42円で、ワインは28円、焼酎はビールに匹敵する70円だった。

喫煙者はダブル納税者

たばこは最も税金が高い商品の一つ。国債発行を圧縮する取り組みの一環で、平成22年にも税率が引き上げられたばかりだ。**1箱（20本）あたりでは、なんと244・88円が税金。**その内訳は、国の懐に122・44円。地方分で122・44円。さらに、購入時には消費税も払うから、たばこやビールは、税金に対してさらに税金がかかるしくみなのだ。

キャンペーン金利の甘い誘惑

ボーナス時期になるとやたら目につく「キャンペーン金利」。この低金利のご時勢に、3％、5％といった表示が出ていてなんだか不思議。でも、その勘は正しい。まやかしの原因は、金利を、金融商品共通の「年利」で表示するしくみにある。たった3ヵ月しか適用しない金利でも4倍した数字で表示されていることに注意！　こうしたキャンペーン金利は投資信託などのセット販売も多いが、キャンペーン金利で得する額より、投資信託の販売手数料として差し引かれる金額のほうが、大きかったりもする。買った瞬間、トータルのお金は減るというワナに陥《おちい》ってしまうこともあるのだ。**金利だけでなく、細かい条件もよく読んでから申し込みたい。**

株は儲け話に注意

株は人気投票のようなもの。人気が上がれば株価は上昇し、注目が薄れると下落する。

みんなが注目していない時期に買う。これが株で儲けるコツ。**みんなが「株は怖い」と敬遠している時期こそ、株の始めどきである。**

投資信託と株はここが違う

両者の違いを運転にたとえるなら、「株」は自分で車を運転するようなもの。これに対して「投資信託」は、信頼のおける運転手（運用のプロ）に運転を頼むようなもの。**謝礼（運用コスト）を払う必要があるが安心だ。**

また、投資信託は、株のほか「債券」や「不動産」などへも投資する。日本だけでなく海外のものにも分散投資するから、リスクの偏りを抑えることもできる。

初めての外貨投資なら、断然！外貨建てMMF

外貨預金よりも利回りが高くて、使い勝手がよくて、為替手数料が安くて、破綻時も安心、と4拍子そろった外貨投資がある。**その名は「外貨建てMMF」**。MMFは、高格付けの短期証券に投資する外国投資信託で、これをその国の通貨で運用した金融商品だ。

外貨投資は手数料の安い金融機関で

外貨投資のメリットは、外国の預金や債券の高金利を享受できる点。ただし、円を外貨に、外貨を円に換える作業が発生する。金融機関は為替手数料を取って、この作業を担当する。

その取り方は、1ドルにつき1円とか2円といった具合。**安いところを選ぶのが得策**。

残したい人に確実にお金を残す方法

家族以外（第三者）を受取人にすると、引き受けを断る保険会社が増えている。しかし、あきらめるなかれ。遺言書により、保険金の受取人を変更することができる。ただ、受取人を変えられた家族へのメッセージを忘れると、トラブルのもとになる。受取人を変更した理由を必ず書き添えておこう。

相続を〝争族〟にしないために

遺産を1人に過度に集中させる場合は他の関係者の同意のうえで。そうでなければ、骨肉の争いを生む。遺留分《いりゅう》への配慮も必要。たとえば、子ども1名と配偶者が相続人の場合は、それぞれに遺産の4分の1ずつは最低限の権利（遺留分）として必ず与えるよう法律で定められている。**過半の遺産を配偶者以外に継がせる遺言は避けよう。**

うっかり忘れた口座のゆくえ

転勤や引っ越しで増える、使わなくなって放置している普通預金口座。２年間に一度も出し入れがないと、休眠口座扱いになってしまう。気づいて払い戻しを請求すれば応じてもらえるが、**一般に10年以上経った預金は、銀行の雑収入として会計処理されてしまうのでご注意を。**

亡くなった人の預金、すぐにはおろせない

自分名義の預金口座にお金がない妻は要注意！　夫が亡くなって、お葬式代や生活費もろもろのお金を夫の口座から引き出そうとしても、お金をおろせなくなるためだ。なぜなら、死亡した人名義の預金は、相続人全員の共有財産となるため、**相続人全員の押印のある書類（遺産分割協議書など）を持参しない限り、お金をおろせない。**

帰省は旅行パックを狙う

帰省するなら、新幹線や飛行機の正規のチケットを買う前に、旅行会社の旅行パック（フリープラン）を検討してみたい。たとえば東京⇔広島をのぞみで往復すると3万7100円かかるが、パックだと2万2000〜2万4000円（2007年5月現在）。ホテルに泊まらなくても使えるものが大半だ。

カード付帯の海外旅行保険、過信は禁物《きんもつ》！

クレジットカードに保険が付いているから、海外旅行の際、保険に入らない人が増えている。だが、なかには、治療費の補償がわずかなものもある。**補償内容を確認して、不足分を一般の海外旅行保険で補っておこう。**また、旅行代金をそのカードで支払わないと使えないなど利用条件があるものも。

自動車保険は歩行中の事故にも有効

自動車事故で死亡・後遺障害になった6歳以下の子どもの大半が「歩行中の事故」。いざ事故にあった場合、お金のことで相手と折り合いがつかないことも多い。そんな事態に備えられるのが、実は、「人身傷害補償保険」という自動車保険。なんと**歩行中、つまり車に乗っていなくても、自動車事故によるケガなら保険金が受け取れるのだ。それも、契約者だけでなく、家族の歩行中の自動車事故までＯＫ。守備範囲が広い。**

ちなみに、この保険のもう一つ大きな特徴は、過失割合に関係なく、保険金額を上限に損害額相当を受け取れるしくみだ。通常は、相手方との示談が成立してからでなければ受け取れない保険金も、この保険なら示談の結果を待たずに受け取れる。この保険を自動車保険に組み込むと、保険料は1～2割増しになるが、大きな安心を得られること、請け合い。

第五章

困ったときの安心常識

会社を辞めた！　～会社都合で辞めた場合は即、失業手当がもらえる～

会社を辞めて、次の仕事がまだなら、まずは自宅の最寄りのハローワークへGO！失業手当（雇用保険の基本手当）がもらえる。

辞める前の1年間に、社会保険料を6ヵ月以上払っていたことが条件。**失業手当としてもらえる金額は、日割り給料の5～8割程度だ（60歳未満）。**

会社側の都合の場合は、7日間の待機期間後速《すみ》やかに受け取れて長期間もらえる可能性大。

勤務年数が1年未満なら年齢に関係なく90日分。これが最低受け取れる日数だ。勤続年数と年齢で幅があり、最長では、20年以上勤務した45歳以上60歳未満の人で330日分になる（いずれも求職中であることが条件）。

一方、自分の都合で辞めた場合、7日間の待機期間に加えて3ヵ月間の給付制限があるので、失業手当をすぐはもらえない。そのうえ、もらえる日数も少なくなる。年齢に関係なく、勤務期間が1年未満ではゼロ、10年未満なら90日分。最長でも、20年以上勤務の場合で150日分だ（身体障害者などを除く）。

再就職がまだなら確定申告を

会社を退職して、年内に再就職していない人は、確定申告すれば所得税が戻ってくる可能性大。会社を辞めたことで収入が減っているはずなので、所得税も少なくなる、というのが理由。

サラリーマンの月収にかかる所得税は、1年間（まるまる12ヵ月）働くことを前提で、その12等分を毎月の給与から天引きされるしくみになっている。だから、年の途中で退職した場合は、払い済みの税金が、昨年の年収に対して多すぎれば、その分を取り戻すことができる。そのためには確定申告が必要だ。

ちなみに、確定申告する際に、「昨年度の年収」に失業手当分を入れる必要はない。つまり、失業手当をもらっていたとしても、払いすぎた所得税は戻ってくるケースが多い。

火事で家が焼けた！

〜たとえ隣の家のもらい火でも自分の家は自分の保険で〜

火事になったら、まずは119番。被害が出たら、自分の火災保険の保険会社へ連絡を。これは自分で火を出した場合でも、隣家からのもらい火でも同じ。「失火責任法」という法律によって、もらい火はお互いさまという理由で隣家の賠償義務は原則として免除されている（隣家の故意や重過失を除く）。

火災保険金の請求などで必要となる「罹《り》災《さい》証明」は、警察署に依頼しよう。

さて、火災保険に入る際は、保険金額を「再調達価額」ベースにすることが重要だ。昔の保険は時価で計算して保険金を払うものが多い。この場合、1500万円で建てた家が年月を経て、時価が1000万円になったときに全焼したら1000万円の保険金しか受け取れず、同水準の家には建て直せない。**「再調達価額」ベースにしておくと、同等の家を建て直せるだけの保険金を受け取れる。**

スキミング被害にあった
～いかに早く気づけるかが重要～

スキミングとは、カードの磁気情報を読み取ってコピーをつくる犯罪のこと。「スキマー」と呼ばれる装置で読み取ることが、この名前の由来だ。クレジットカードであれば、スキミング被害のほか、盗難、紛失による不正使用による被害は、届け出日から60日前までさかのぼって被害額を補償してくれる。しかしキャッシュカードの場合は、預金者に故意または重大な過失がなければ、届け出日から30日前までの被害が補償される。

　スキミングの被害は、利用明細が届くまで発覚しにくいため高額な被害になる可能性大。被害を最小限に抑えるには、いかに早く気づけるかが重要。**通帳やカードの利用明細は、覚えのない引き出しがないかこまめにチェック！**

大黒柱の夫が亡くなった

～年金や健保からの給付も受けられる～

精神的にも、経済的にも、家族を支えていた夫が亡くなったなら……。どうやって生活したらいいのか、途方に暮れる人は多い。こんなときに、まず思い浮かぶのは生命保険。保険の対象になっている人（被保険者）が死亡したり、入院・手術などをしたときに、保険金が支払われる。だが、万一のときに頼りになるのは生命保険だけじゃない。国民年金や厚生年金などの公的年金、健康保険、夫の勤務先などからの給付もある。主なものは次のとおり。

★国民年金…子（18歳以下）のいる妻または18歳以下の子に対して「遺族基礎年金」が支払われる（厚生年金など他の年金に入っている場合も同様）。「妻＋子１人」の場合の年金額は１０２万円（２０１０年度）。該当しない場合は、寡婦《かふ》年金、死亡一時金のうちいずれかが支給される（第１号被保険者のみ）。

★厚生年金…会社員の、残された妻などに対して「遺族厚生年金」などが支給される。年金額は保険料の納付期間、収入による。妻が再婚または死亡するまで支払われるが、子（18歳以下）のいない30歳未満の妻は5年で終了。

★健康保険（国保含む）…「埋葬料」として、埋葬を行った遺族に5万円を支給（自治体によっては国保の埋葬料に上乗せ給付される場合も）。

★死亡退職金…自己都合退職金の金額に少し上乗せして支給されるのが一般的。

手続きは市(区)役所、年金事務所のいずれかで

夫が自営業者（国民年金または国民健康保険の加入者）であったなら市（区）役所で、会社員だったら、勤務先を通じて手続きを。老齢年金を受給していた夫が亡くなった場合は、役所の年金係または最寄りの年金事務所で手続きしよう。届け出に必要な書類は手続き先により異なるので、事前に電話で確認するとよい。

交通事故にあった　～「交通事故＝自由診療」は間違い～

交通事故にあったなら、まずは警察に届け、**交通事故証明書**をもらっておこう。自賠責保険の被害者申請などで役に立つ。**事故の相手や目撃者の連絡先を聞くこと、現場の写真を撮っておくこと**も重要。相手や相手の保険会社との交渉に活かすことができる。たいしたケガでない場合も、**医師の診断は必ず受けておきたい**。交通事故の場合、事故直後に症状が出ないことがあるからだ。交通事故で病院にかかると、「（交通事故は）健康保険が使えない」と、高額な料金を請求されることが多いようだ。しかし、それは誤り。**加入先の健保に届け出をしなければならないが、健康保険は確実に使える**。また、**業務中の交通事故なら労災保険が使える**。

会社帰りに事故にあった
～病院に行っただけなら労災、飲み会帰りなら労災にならず～

通勤途中の事故でケガをしたら「健康保険」が使えると思った人は間違い。健康保険は業務外の病気やケガが対象。勤務中や通勤途上でケガをしたときは「労災保険」からの給付だ。

対象となる「通勤」とは、就業に関し、住居と就業場所との合理的往復のこと。出張も含まれる。ここでいう〝住居〟は、自宅のほか、家族の看護で寝泊まりする病院はOKだが、飲み会で終電がなくなり泊めてもらった同僚の家などはダメ。翌朝の通勤途中に事故にあっても通勤災害とは認められないのでご注意を。

通勤途中で買い物やパチンコなどの寄り道をしたらその瞬間から〝通勤〟とはみなされないが、その寄り道が病院での診療など〝必要最小限度の日常生活上必要な行為〟と認められた場合は、その寄り道後に元の通勤経路に復した後の事故は通勤災害として労災認定される。

医療費が年間10万円を超えた　〜自分で確定申告を〜

昨年負担した医療費が10万円を超えた人は、確定申告で「医療費控除」を申請しよう。還付金《かんぷきん》が受けられる可能性が高い。

還付金がいくらになるかは、「実際に支払った医療費の合計額」から「保険金などで補塡《ほてん》される額」と「10万円」を差し引いたものに所得税の税率をかければ出る（この「10万円」の部分には、その年の所得金額の合計額が２００万円未満の人はその５％の金額を代入する）。

たとえば年間で30万円の医療費がかかった場合、所得税率が20％の人なら、４万円、10％の人なら２万円の税金が還付される（保険金などの補塡がない場合）。確定申告をしない手はない。

注意点は、「保険金などで補塡される額」があると、還付金が目減りすること。健康保険や生命保険などの給付金は差し引く必要がある。

たとえば、年間医療費が50万円だった場合。

保険金などの補塡がなければ、10万円を差し引いた40万円に対して税率をかける。

所得税率が20%であれば、還付金は8万円だ。

だが、生命保険から入院給付金などを合計30万円受け取ると、10万円と一緒にこれも差し引くことに。還付金は2万円に減ってしまう。

なお、確定申告する際には、医療費の領収証の原本や源泉徴収票《げんせんちょうしゅうひょう》を添付する。医療費の領収証ごとに、年月日順に誰の何の治療費用かを書く必要がある。病院へのやむをえないタクシー代や、市販薬のレシートも同様に、誰の何の薬かの覚え書きを入れれば、対象に含めることも可能だ。

医療機関にかかったらメモをする、ふだんからの、この習慣が役立つ。

ケガをして障害を負った　～国民年金と厚生年金保険から障害年金が出る～

障害を負うと、今後の仕事に支障が出たり、日常生活が大変になったりと、これまでの生活が一変する。そんな事態を支えるために、**業務上の事故による障害なら労災保険から、また、それ以外の原因で障害が残るときは公的年金から障害年金がもらえるしくみになっている。**

公的年金からの障害年金を具体的にみると、自営業者などは国民年金から、会社員など社会保険に入っている人（厚生年金保険料を払っている人）なら国民年金と厚生年金保険から二段構えで受け取れる。

共通する国民年金からの毎年の年金額（２０１０年度）は、障害等級１級で約99万円、２級で約79万円の２ランク。原則18歳までの子どもがいるときは１人目・２人目までは各22・８万円程度が加算される（３人目以降は各７・６万円程度）。

会社員に上乗せされる厚生年金からの給付は、１級・２級に加えて３級（両眼の矯正視力が０・１以下など）も対象となるのが特徴。もらえる額は給料の額によって違ってくるが、３級でも約59・４万円が最低保障されている。

国民年金保険料を滞納していると障害年金は出ない

障害年金は、いざというとき心強い制度だが、事故やケガをしたときに、加入期間の3分の1以上保険料を滞納しているともらえないようになっている。

だが、平成28年4月1日までの今なら特例期間中なので、所定の期間（約1年）をもれなくちゃんと保険料を納付するか免除してあれば、満額の障害年金を受け取れる。

ちなみに、国民年金の納付義務は20歳からだが、20歳前にバイク事故で障害を被《こうむ》ったケースなどでも、20歳を過ぎると障害年金が受け取れる。ただし、本人が保険料を納付していないことから、所定の所得制限がある。

自営業者なら国民年金から。
障害年金
会社員なら国民年金と厚生年金保険から。
障害年金
障害年金

子どもが友達にケガをさせた

～個人賠償責任保険なら保険金が～

「子どもが友達にケガをさせた」「自転車でハンドル操作を誤って人にぶつかった」「飼い犬が人に噛みついた」など、日常生活でも人に迷惑をかける事態は意外と多い。そんなときは、まずは謝罪と見舞いに行こう。治療代など、法律上負担しなければならない賠償額もできればすっきり払っておきたい。

ただ、中には思わぬ大きな金額になるケースもある。そんな事態に備えるには、**「個人賠償責任保険」がとても便利だ。年間1000～3000円程度の保険料で、第三者に対して法律上の損害賠償責任を負った場合に家族全員を含めて1億～5億円までのワイドな補償が得られる。**

サラ金のお金が支払えない

～サラ金の金利ダウンの交渉はプロに任せる～

近年の自殺者は年間約3万人。そのうち約3割は、経済・生活の問題を理由にした遺書を残して自殺している。サラ金のお金が返せないという理由も多いようだ。サラ金（消費者金融など）の金利はすごく高い。住宅ローンの金利が1～4％の現在、サラ金は15～29％と、利息制限法を超える高利率のものも。**もし返せなくなったら、弁護士会や都道府県の労働経済局にまずは相談。素人ひとりの交渉ではなく、弁護士や司法書士などの法律の専門家に依頼すべきである。平成22年6月18日以降、金利は高くても15～20％で設定することになった。過払い金を取り戻せる可能性もあるだろう。**とはいえ、今後の教訓とすることは、サラ金からお金を借りないこと。

子どもの教育費が不安 ～まずは奨学金の検討を～

教育費の捻出《ねんしゅつ》に不安を感じたら、まずは奨学金の検討を。同じ借り入れであっても、教育ローンはできる限り利用しないのが鉄則。代表的な奨学金制度としては日本学生支援機構（旧・日本育英会）がある。子どもの成績や家計の状況により、無利子タイプと有利子タイプがあり、どちらも返済義務はある。このほか返済のいらない奨学金もあるので、入学が決まったら速やかに大学に問い合わせることが大切。

教育ローンを利用する場合は、銀行ローンの前に、国の教育ローン（日本政策金融公庫）の検討を。子ども1人につき300万円まで。

これらの制度は、貯蓄でまかなえないときの切り札として、覚えておくと安心だ。

医療費の請求が30万円に！

～月額30万円かかっても請求すれば21万円戻ってくる～

病院で高額な医療費を請求されても、慌てるなかれ。内訳を見てみよう。健康保険が使える医療費なら「高額療養費制度」が利用できる。これは健康保険の対象となる医療費が一定の金額を超えた場合に払い戻しを受けられる制度。**月収53万円未満の人なら1ヵ月に約9万円（※）を超えた部分は健保（国保含む）が補填してくれる。**しかも2007年4月からは入院前に加入先の健保に申請すれば、病院の窓口で一定額（約9万円）を払うだけでいいようにもなっている。

この制度は収入によって2段階になっている。月収53万円以上なら約16万円（※）が自己負担額となる。

※1000円以下は切り上げて表記

保険金は払えないと言われた

～不払い理由を確認し、消費生活センターなどに相談～

保険会社から「保険金は支払えない」と言われたら、まずは理由を確認しよう。電話などではなく、書面にしてもらうのがポイントだ。

次にそれが正当な理由なのか、「契約のしおり（約款《やっかん》）」でチェックする。「保険金をお支払いしない等の場合について」と「保険金をお支払いする場合」という項を中心に読むとよい。不払いの理由が約款に書いていなかったなら、保険会社と交渉する余地がある。

もし、保険会社が聞く耳を持たないのなら、最寄りの消費生活センターなどに相談するといい。

保険の解約をしぶられた

～最後は本社に直接かけあう～

「いざ！」と思っても、意外と難しいのが、保険の解約や見直し。担当の営業員に言うと、何かと説得されて、気がつけば新しいプランを提案される事態にも。「解約したい」「こういうふうに保険を見直したい」という強い意向を伝えることが大切。

それでもなかなかこちらの望むように担当者に動いてもらえなければ、保険会社の本社（お客様相談室）にかけあうのも一つの手だ。このとき、**まず始めに担当者に頼んだがうまくいかないという状況の後で、本社に連絡するのがポイント**。担当者に頼む前にいきなり本社に連絡すると、「担当者と話し合って」と言われるだけで、功を奏さない。

シングルの人や専業主婦にも保険は必要？
〜小さい子どもがいるなら妻の医療保障は手厚く〜

シングルの人や専業主婦には遺族保障の保険はいらない、とよくいわれる。でも、それはかなり大雑把《おおざっぱ》な判断。実際はケースバイケースだ。

もともと保険は、貯蓄ではまかなえないほど大きな経済的損失となる事態に備えるもの。その視点に立てば、シングルの人が亡くなっても、扶養《ふよう》している人がいなければ誰も経済的に困らないのだから遺族保障の保険は不要、ということになる。けれど、親に仕送りしているシングルの人なら、**親が困る分を見積もって遺族保障の保険に入っておきたい。**

シングルアゲイン、つまり、離婚や死別などで、〝パートナーはいないけれど、子どもはいる〟という人は、**一家の大黒柱並みの額で、遺族保障と医療保障の保険に入る必要がある。**

専業主婦の場合は、もともと収入がないから、経済的な損失が生じないといわれる。でも、もし小さい子どもを抱えた母親が急な入院をすれば、医療費支出に加えて、家事やベビーシッター代も必要になる。医療保障は手厚くしておきたい。

病気やケガで働けない

～会社員なら傷病手当金がもらえる～

病気やケガのために働くことができずに給料がもらえなかったり減ってしまった場合には、会社員が入っている「健康保険」に、その分のお金を補ってくれるしくみがある。その名は「傷病《しょうびょう》手当金」。**病気やケガで連続して3日以上勤めを休んでいるときに、4日目から給料の3分の2の金額が最長で1年6ヵ月もらえる。**仮に給料が30万円の人なら、働けなくなっても20万円は毎月支給される計算だ。

ただし、休んでいても傷病手当金の額よりも多い額が会社から給料として受け取れる場合は、傷病手当金は支給されない。

銀行が破綻《はたん》したら？

〜原則として、預金者1人あたり元本《がんぽん》1000万円＋利息を保証〜

銀行などが破綻した場合、預金保険制度（ペイオフ）によって、大半の預金は保護される。

だが、すべての預金が守られるわけではない。対象になる預金は限られている（次ページの表参照）。

保護される金額は、1銀行1預金者あたり「元本1000万円＋利息」まで。これは、1つの預金に対するものではない。その銀行に預けているすべての預金を合算した金額の上限である。

ただし例外として、元本1000万円を超える金額を預けても全額保護される預金がある。

無利息型普通預金（ペイオフ対策用の特別な普通預金）と当座預金（業者が利用する現金受け渡し用の預金）だ。決算用預金と呼ばれるもので、これなら、いくら預けても大丈夫。

外貨預金は預金保険制度の対象外

預金保険制度の対象にならないものの代表は、外貨預金。「元本1000万円＋利息まで保護」とならない。外貨預金をしていた銀行が破綻した場合、破綻時の財産状況に応じて払い戻されることになる。つまり、元本の一部カットもありえる。

また、破綻処理をしている間は預金の引き出しができない。預金が凍結される期間は銀行の破綻状況によるが、長期にわたると判断された場合には、「仮払い制度」が設置され、普通預金から60万円を限度に仮払いが受けられる。

破綻銀行の預金の払い戻しに関しては、対応が整い次第、預金者に通知される。面倒な手続きなどはなさそうだ。

	商品	保護の範囲
預金保険制度で守られるもの	・当座預金 ・無利息型普通預金 など	全額
	・普通預金・定期預金 ・貯蓄預金・定期積金 ・ビッグ など	元本1000万円＋利息
対象外	・外貨預金 ・ヒット など	財産状況に応じて払い戻される

国民年金保険料が払えない

~免除・猶予《ゆうよ》制度がある~

国民年金保険料は月1万5100円(2010年度)。けっこうな金額である。だが、未納にすると、老齢年金が減る(または、もらえない)だけでなく、障害や遺族の保障も受けられない。

保険料の支払いに困ったら、役所の国民年金課で免除申請をしよう。申請できるのは世帯の前年所得が一定額以下の場合だ。4人家族で所得162万円以下であれば、全額免除の可能性大。そうなると保険料はゼロになり、年金額は3分の1納付した扱いとなる。全額免除以外にも、4分の1納付などの一部免除(一部納付)もある。免除(一部免除)の対象となる所得の目安は、4人家族で335万円以下、夫婦のみで247万円以下である。

本人の収入は少ないが、親は高給取り。このような場合は免除申請できないが、本人が30歳未満だったり、学生だったりすると、「若年者納付猶予制度《じゃくねんしゃのうふゆうよ》」や「学生納付特例制度」が使えることが。また退職(失業)による特例免除もある。退職特例は年齢を問わない。

滞納3度目。もうカードはつくれない？

～カード会社ごとで異なるカードの発行基準～

滞納が2度、3度続くと、すぐにブラックリストにのって新しいカードはつくれなくなってしまう？　その答えは、**カード会社を替えればつくれるケースもある、ということになる。**カードを発行する際の基準はカード会社でマチマチだから「滞納3度目はセーフ、4度目はアウト！」とは一概にはいえないのだ。ちなみに、たとえカード会社を替えたとしても、その人が何度滞納しているか、その後ちゃんと返済しているかなどの情報は、「全国銀行個人信用情報センター」や「全国信用情報センター連合会」などを通じてカード会社は入手できるシステムになっている。うっかり忘れもほどほどに！

地震で家屋が壊れてしまった

～地震による火事、延焼は火災保険で補償されない～

地震で家が壊れたら、まずは保険会社へ連絡を。査定担当者や損害鑑定人が被害状況を確認。加入している保険と照らし合わせて、保険金を計算し、1週間ほどで口座に振り込んでくれる。ここでトラブルになりがちなのは、どんな保険に加入していたか、だ。**地震による損害は地震保険に入っていないとカバーされない。地震によって生じた火事も、火災保険では補償対象外で、地震保険の補償範囲となる。**

ちなみに、地震保険の世帯加入率は約22％（2008年度）、阪神大震災直後（1995年度）は約12％だった。

もし地震保険の加入を迷うなら、まずは貯蓄の確認を。特にローンで家を買った人の場合は、地震で家がつぶれてもローン返済は残ってしまう。新居の家賃を払いながらローン返済していけるだけの貯蓄や収入が見込めないなら、お守り代わりに地震保険を活用する判断も大事。家財にだけつけるという選択肢もありだ。

なお、地震保険は火災保険に上乗せして入るしくみ。火災保険に入らないで地震保険だけ入る、ということはできない。

泥棒に入られた！　～火災保険からお金がもらえる～

空き巣の年間件数は約1万4000件（2008年中）。「旅行から帰ったら物がなくなっていた」という人も多い。そんなときはまず110番。そして火災保険の保険会社へ連絡を。

なぜ？　と思う人も多いだろうが、**多くの火災保険には、実は盗難補償がついている（最もベーシックな〝住宅火災保険〟は除く）。火災保険の証券を引っ張り出してまず保険の正式名称の確認を。「住宅総合保険」「家庭総合保険」「長期総合保険」など〝総合〟がついていれば盗難補償つき、「マンション保険」などにもついているから、約款の「保険金を支払う場合」の項を参照に。**

受け取れる保険金は、現金は20万円まで、通帳などの預金証書は200万円までの損害額を補償してくれるのが一般的。保険会社によっては、盗難に入られた後の盗難カメラの設置費用なども保険金で払ってくれる新型保険を発売しているところも。保険金はあくまで後々のカバー。まずは盗難被害を最小限に留める工夫をすることが大事。

住宅ローンの返済が苦しい

〜消費者金融などの活用はご法度《はっと》〜

「給料が増えない」「転職して給料が減った」「子どもが私立大学に進学」などさまざまな理由で、後になってからローン返済が苦しくなる家庭も少なくない。消費者金融やキャッシングに手を出してしまうとローン破綻にまで行き着く可能性が高まるから、困ったら、すぐにローン借入先の金融機関に相談するのが一番だ。

一般的な対応策は2つ。一定期間の返済額を減額するか、返済期間を延長する方法だ。フラット35などの住宅金融支援機構の住宅ローンの場合では、いずれもOKだ(返済期間延長は、収入の減少割合などの諸条件を満たす必要あり)。

銀行では、困窮の度合いに応じて、個々で対応が異なるので、粘り強い交渉が必要なところも。いつまでどれくらい家計が苦しくなるのかを説明できるようにしたうえで臨みたい。

もし、50万〜100万円程度の貯蓄があるなら、繰り上げ返済や借り換えといった手段も視野に入れて。専業主婦の妻が働きに出るという切り札を使う手も。もちろん、こうした対応策をとる前に、家計の見直しの着手は大前提だ。

健康保険証、運転免許証をなくした！　～警察と発行元に即、連絡を～

クレジットカードの紛失だけでなく、免許証や健康保険証など身分証明書の紛失にもご注意を。赤の他人が勝手にお金を借りてしまうおそれがあるからだ。**紛失・盗難に気づいたら、警察と発行元にすぐに届けよう。**

健康保険証は市区町村の役所（国保）や、勤務先（健康保険）、運転免許証は警察署または免許更新センターで、再発行の手続きを。

これが完了した時点で、古い身分証明書は紙くず同然。再発行後になくした身分証明書でお金を借りられたとしても、支払いをつっぱねることができる。それでも心配なら、身分証明書の紛失・盗難があったことを「全国信用情報センター連合会（TEL０１２０－４４１－４８１）」などの個人信用情報機関に報告するといい。そうすれば、不正な借り入れを確実に防ぐことができる。

お札が破れた。取り替えてもらえる？

〜2/3以上あれば全額取り換えてくれる〜

「洗濯機に入れてお札がシワシワ」なんてことは、わりと起きがちなこと。実は、お札が破れたり、燃えたりした場合には、「表・裏両面があること」を条件に、残っている面積によって次の金額に引き換えをしてもらえるので覚えておこう。一般の金融機関の窓口でＯＫだ。

①2/3以上の場合は、全額　②2/5以上、2/3未満の場合は、半額　③2/5未満の場合はお札の価値はゼロ

洗濯してクチャクチャになった一万円札でも、一生懸命のばして2/3以上の広さにしたら、ちゃんとした一万円札に交換してくれる可能性大。半切れ分があればお金も半分戻る。

「燃えて灰」「子どもがシュレッダーにかけちゃった」なんてときでもあきらめないで！　日本銀行の本・支店に持っていけば新しいお札に引き換えてもらえる可能性がある。紙やインクの質から〝本物〟と判別できればＯＫなのだ。日本銀行の支店は全国に32店、本店は東京・日本橋にある。

第六章

年代別　これだけは
知っておくべき㊙常識

20代・30代 あるだけ使う貯蓄ベタの人は迷わず天引きに

ちゃんと貯蓄ができているタイプはどんな人かというと、それは、お金を使う前に貯めている人。〝天引き〟というワザを上手に活用している。先に引かれた貯金分は最初からなかったお金、残ったお金の額が給料だったんだと思って生活をするのだ。この方法なら、知らず知らず、忘れているうちにお金が貯まっていく。

強い意志も、計画性も、マネーの知識も不要な、いちばん安全確実なお金を貯める方法。その**天引きには、会社に財形制度があればそれを利用するのが得策。会社に財形制度がない人は、給与振り込み口座の銀行の自動積立定期預金を申し込もう。**

20代・30代　積み立てはうさぎとかめならかめでいく

今、やるか。給料が上がってから始めるか。どうしたらいい？　これ、積み立ての話。マネー診断でよく聞く悩みだ。

「思い立ったが吉日。今すぐ始めましょう」私はいつもこう答える。試験前日に猛勉強しても、毎日勉強している人にはかなわないのと同じ。コツコツが大事。

毎月1万円貯める場合（金利は年1％）。20歳、40歳、50歳で始めるのでは、60歳までに貯まる金額はこれだけ違う。

★20歳（積立期間40年）…590万3800円
★40歳（積立期間20年）…265万7800円
★50歳（積立期間10年）…126万2500円

積立期間10年よりも20年は2倍、40年は4倍の長さだが、貯まったお金は2・1倍、4・7倍に増えている。

20代・30代

2年目社員、新入社員より給料ダウンのなぜ

昨年と変わらない生活をしているはずなのに、なぜか苦しい入社2年目の生活。給料もちょっとは増えているはずなのになぜ？　その答えは「住民税」にあり。

給与明細書の住民税の欄を見比べてみると、新入社員のときの住民税欄は0円または空欄。2年目の今年は、しっかり毎月、金額が記入されている。実は、**住民税は、前年の所得に対してかかるしくみになっているのだ。**前の年にいっぱい働いた人ほど、その年の住民税の負担がとても大きくなる。だから、同じ給料だったら、1年目より2年目のほうが手取り額は少なくなってしまう。

ちなみに、退職するときも、住民税には要注意。退職年の所得税に応じた住民税が、退職した翌年にど～んとかかってくるからだ。

センパーイ
おごりましょうか？
給与
住民税 0円
手取り22万円
きっ
おまえ…
来年たいへんだぞ
給与
住民税1万円
手取り21万円

20代・30代　給与明細で要チェック！　税金の隠《かく》れキャラ

給与明細書を見て、大きな金額が差し引かれているものを目で追うと、「税金」と「社会保険料」の2つの欄に気づく。税金はわかるけど、社会保険料って何？　と思っている人も実は多いはず。

この隠れキャラ的な**社会保険料は、保険のしくみを使った社会制度のためのお金で、〝保険料〟という名のついた税金のようなものなのだ。**具体的には、①医療保険（健康保険）、②年金保険、③労働者災害保険、④雇用保険（失業保険）、⑤介護保険の保険料のうち、会社負担分を除いた額の合計。

とりわけ年金保険の負担増のために、税金より社会保険料をたくさん払っている人が実は多いという事実がある。税金負担増の話題はもちろん気になるポイントだが、それ以上に社会保険料の動向にも要注意だ。

20代・30代

20代・未婚で最初に入るなら医療保険

結婚や転職……まだまだ将来が未知数の20代の場合、手始めに選ぶ保険として適当なのは、病気やケガに備える医療保険。

保険と聞いて思い浮かぶのは、生命保険かもしれないが、扶養《ふよう》家族のいない人には今すぐ必要なものではない。自分では使えないお金のために保険料を費やすよりは、限られたお金を有効に活かしたい。さて、医療保険は、「日額5000円」「日額1万円」といったプランが主流。**大部屋での入院を想定するなら「日額5000円」プラン。個室入院に備えるなら、差額ベッド代もかかるので「日額1万円」プランが適当だ。**

充分な貯蓄をまだ築けていない20代ならなおのこと、まさかの入院時の出費は痛い。貯蓄で足りない分は保険をうまく活用したい。

20代・30代　親から譲り受けた保険は必ず見直すべし

親が子ども名義で入っていた保険を譲り受けた場合、今すぐチェックしよう！

①保障の内容チェック！　必要な保障内容がついているか。自分に不要な保障がついていれば、外して保険料を節約できる。

②その保障がいつまで続くか　必要な保障が必要な期間分ついているか確認を。

③保険料は無理なく払える？　今の家計でやりくりできる額かどうか吟味《ぎんみ》を。

④保険料が固定かアップするかを確認！　数年後に今よりも保険料がアップするタイプの保険だった場合、長く続けるのは難しい。必要性の判断が重要。

⑤結婚したら、死亡保険金の受取人変更も！　受取人を親から配偶者に変更しないと、遺族保障としての役割を果たさない。単なる親へのプレゼントとなる。

20代・30代 財テクは種金の100万円を貯めることから

まとまった貯金をつくるのは意外と難しいもの。どうやっていくら貯めればいいかよくわからないという人も多い。

まずは100万円を目標に、少額でもいいからコツコツ積み立ててしてみよう。毎月1万円を積み立てて、年2回のボーナス時に4万円をプラスすると1年で20万円貯まる。5年で100万円の計算だ。なぜ100万円を目標にするかというと、日常生活で目にする金額より1桁《けた》大きいので、取り崩しにくい、もったいないという心理が働くから。半端なお金は、ついついあてにして浪費しがち。地道に積み立てた100万円だからこそ、それを種金にして増やそうという気にもなるというもの。100万円以上か未満かで、利用できる金融商品のバリエーションも違ってくる。**100万円の種金づくりは、少しでもお金に有利に働いてもらうための最初の一歩だ。**

20代・30代

赤ちゃん誕生。健康保険から最低42万円もらえる

赤ちゃんが生まれたら、会社員が加入している「健康保険」や自営業者などが加入する「国民健康保険」から、出産育児一時金がもらえる。これは分娩費を補う位置づけのお金で、1児につき42万円。双子なら84万円、3つ子なら126万円というように、42万円×子どもの人数分が支給される。

ただし42万円は産科医療補償制度に加入する医療機関で出産した場合だ。それ以外なら39万円になる。

平成21年10月からは、出産育児一時金が直接医療機関に支払われるしくみになっている。

また妊娠4ヵ月（85日）以上の流産や死産については、出産と同じ扱いになる。つまり、医師の証明を得られれば、出産育児一時金を受け取ることも可能だ。

20代・30代 会社員必見！ 妊娠前後にもらえる手当

女性会社員が出産前後の休業中にもらえる手当が「出産手当金」。「健康保険」から支給を受けられる。**もらえる金額は、出産前の給料（標準報酬日額）の3分の2。もらえる日数は、産前（予定日より後に生まれた場合は出産予定日より）42日、産後56日の合計98日の範囲内で、会社を休んだ期間について支給されるのが基本。**

たとえば出産前の給料額が21万円（日給7000円）の人のケースでは、約46万円（≒7000円×⅔×98日）をもらえる計算に。ちなみに、出産が予定日よりも遅れた場合には、遅れた日数分も加算される。休業中に給料が出ても出産手当金の額より少ない場合は、その給料との差額分を受け取ることができる。

20代・30代

申請しないともらえない子ども手当

日本の将来を担う子どもたちを社会全体で応援することを目的にした「子ども手当」。15歳以下の子ども1人につき1万3000円を保護者に支払うものである。支払い月は6月、10月、2月の年3回。6月は4月分と5月分が、10月は6～9月分、2月は10～3月分が合わせて支払われる。

子ども手当が始まったのは平成22年4月から。それまでは条件を満たした小学6年生までの子がいる世帯に支給されていた児童手当はなくなった。

でも、子ども手当は自動的にもらえるものではない。住んでいる自治体に「額改定認定請求書」を提出しないといけない。子ども手当の支給はこれを提出した翌月から対象になる。

さかのぼって出してはくれないので、子どもが生まれたらすぐに申請しよう。

なお、引っ越したときや、親が公務員になったとき、子どもが16歳になったときも手続きが必要だ。

20代・30代

教育資金を貯める。中学までが勝負！

1人の子どもにかかるお金は、「養育費」と「教育費」を合わせて約3000万円（※）。「養育費」は食費やこづかい、衣服費など。子どもの人数によらずそれなりにかかるが、なんとか家計の中でやりくり可能だ。一方、学費を見込んで積み立てる「教育資金」は、子どもの人数分だけ確実に用意しなければならない。**使う時期を予測できる資金なので、できるだけ早く、コツコツと積み立てを始めると安心。給与振込先の口座に毎月引き落とす形で積み立てる定期預金を設定してもよし。「子ども保険」や「学資保険」など子どもの教育資金づくり専用の生命保険に加入してもよし。**

生まれてすぐの開始で、大学入学までの18年間で、毎月5000円の積み立てで約100万円、毎月1万円の積み立てで約200万円の資金を準備できる。

1人の子どもにかかるお金

養育費	約 1640 万円
教育費	約 1345 万円（オール国公立の場合）
合計	約 2985 万円

※AIU保険会社「現代子育て経済考2005年度版」より

20代・30代 家の買いどき3つの条件

買う前に、まずは次の条件をチェック！ これら3つの条件をクリアしていれば、家を「買いたくなったとき」がいつでも「買いどき」になる。

【条件1 自己資金は購入価格の2割以上】 住宅購入資金の目安は「頭金1割＋諸経費1割」というのが最低ライン。頭金を2割以上貯められたらバッチリだ。

【条件2 月収3～6ヵ月以上の貯蓄が残せる】 長い返済期間中には勤務先の倒産や失業、入院など不測の事態が起きることも。まとまった額を手元に残しておくと安心。

【条件3 ライフプランがある程度固まっている】 家は簡単に売り買いできない。転勤・転職・結婚などで生活や収入が大きく変わる可能性があるときは慎重に検討すべき。

20代・30代 住宅ローンの上限　一戸建ては年収の5倍まで

「銀行から借りられる金額（融資限度額）」と、家計をやりくりするうえで「借りてもいい金額」は違う。無理なく返せる額でなければ、貯金は底を突き、いつか息切れしてしまうだろう。**一戸建ての場合、その目安は、「借入額」については年収の5倍まで。かつ、「毎回のローン返済額」の合計は、年収の3割以下にするのが安心な住宅ローンの組み方。**ボーナス返済を利用する場合、月収ベースでも3割以下に抑えたい。

たとえば年収600万円なら、借入額は3000万円以下になるようにローンを組みたい。この3000万円を超長期固定住宅ローン（金利年5％、返済期間35年）で借り入れた場合、毎月の返済額は15万1410円。1年間で181万6920円を返せばよいことになる。これは年収の約3割に相当する金額。月収30万円の家庭から、月々のローン返済を約9万円、ボーナス返済で約36万円になる。ぎりぎり生活できるボーダーラインだ。

20代・30代

住宅ローンの上限　マンションは年収の3・5倍まで

マンションを買う場合は、一戸建てのケース（前ページ）とは異なり、年収の5倍ものローンを組んではいけない。なぜなら、ローン返済以外に、管理費や修繕積立金、車を持っている場合は駐車場代などがかかるためだ（詳細は次ページ）。

これらを差し引くと、**マンション購入における借入額の上限は年収の3・5倍が目安になる。**たとえば年収600万円の人なら、2100万円を限度に借り入れるとよい。

ここで検算してみよう。2100万円を超長期固定住宅ローン（金利年5％、返済期間35年）で借り入れた場合の毎月の返済額は10万5987円。毎月の管理費や修繕積立金、駐車場代の合計として5万円前後は一般的にかかるから、それらも含めた住居関連費の合計は月々15万～16万円、年間ベースで考えると、年収の約3割に達する。住居関連費の返済額の上限が年収の3割という鉄則は、一戸建ての場合と同じ。

20代・30代 あなどれないマンションの維持費

マンションを買うときに忘れてならないのが、ローン返済以外にかかる維持費だ。エレベーターなどの共有部分の保守・管理・清掃などにかかる費用である「管理費」と、外壁の補修や塗り替えなどの大規模修繕に備えるための「修繕積立金」。この2つに関しては逃《のが》れようがない。購入後、部屋を誰かに貸したとしても、持ち主が払わなければいけない決まりになっているからだ。

ちなみに、「修繕積立金」は入り口や外壁などマンションの共用部分のメンテナンス資金なので、部屋の中など専有部分のリフォーム費用などは別途自腹になる。一戸建てでもメンテナンス費用は必要だけど、自分で貯めたメンテナンス資金は、家の中でも外でも自由に使えるところが大きく異なる点だ。

なお、**「管理費」「修繕積立金」**に加えて、車を持っている人であれば、**「駐車場代」**も必要に。**マンションを買う場合、これらの維持費とローン返済を合わせた額を年収の3割以下におさえることが大事。**

40代・50代

国民年金未納、見直しは45歳までに

国民年金の未納。本人が意図して払っていない場合が多いが、気づかぬうちに未納していたケースもある。

老齢年金は、20~60歳の間に25年以上保険料を納めた人が、原則65歳からもらえるものである。**国民年金、厚生年金（会社員）、共済年金（公務員）の納付期間を合わせて、25年以上あればよい。だが、1ヵ月でも不足すれば、1円ももらえない。**

未納の44歳の人がこれから保険料を納めたとしても、60歳までに受給資格を満たすことはできない。だが、70歳になる前の月までは、国民年金に任意加入できる。受給資格に達するまで保険料を納めれば、老齢年金をもらうことができる。

40代・50代

主婦の再就職。目指すは150万円の壁のクリア

再就職した妻の年収が上がっても、家計全体の手取りは増えないことがある。区切りとなる妻の年収は、次に挙げる5つ。

★100万円以下…妻が働いた分の収入が増える。税金、社会保険料を納める必要なし。夫は「配偶者控除」が使える。

★100万円を超える…妻に「住民税」がかかるようになる。夫は「配偶者控除」が使える。

★103万円を超える…妻に「住民税」「所得税」がかかる。夫の「配偶者控除」が「配偶者特別控除」に切り替わる。

★130万円以上…妻に「税金」「社会保険料」がかかる。夫は「配偶者特別控除」が使える。

★141万円以上…妻に「税金」「社会保険料」がかかる。夫は「配偶者特別控除」が使えなくなる。

配偶者控除とは、年収103万円以下の配偶者と生計が同じ人が受けられる税金優

遇制度である。控除額は38万円になる。廃止が検討されているが、夫の年収が６００万円であれば、配偶者控除で、税金は７万６０００円安くなる。一方、配偶者特別控除は、妻の年収が１０３万円超１４１万円未満のときに使えるもの。控除額は３万〜38万円で、妻の収入が増えるほど優遇額は小さくなる。

大きな境目は年収が１３０万円を超える場合。今まで免除されていた社会保険料を払わなければいけなくなるからである。この場合、会社の社会保険（厚生年金や健康保険など）か、国民年金・国民健康保険に入ることになる。

会社の社会保険なら年収の10〜15%程度の社会保険料を払えばよい。だが、国民年金や国民健康保険に入る場合はもっと負担が大きくなる。年収１３０万円だと合計20万円くらいの保険料になり、手取りが１１０万円くらいになる。**家計の手取りを気にせずに働きたいのなら、１５０万円以上稼げる仕事に就くことが大事。会社の社会保険に入れれば、老後の年金額も増える。**

40代・50代 子どもの携帯電話代、節約術

携帯の費用でもっとも注意が必要なのはパケット通信料である。パケット通信料とは、メールの送受信やウェブサイトの閲覧、音楽やゲームなどのダウンロードをする際にかかる料金のこと。

子どもに携帯電話を持たせる場合、何に使うのかを充分に話し合おう。**習い事のときの電話連絡だけに使うのであれば、インターネットのアクセスやメールの送受信ができないように設定するとよい。**携帯本体で設定できるものが多いが、携帯電話の会社に連絡をして、根元から止めてもらう方法もある。**メールやネットが使えないと困る場合は、「パケット定額制」の契約を。**

40代・50代

教育費が大変！ こんなときこそ保険の見直し

家計見直しの方法として即効性が高いのは、「住宅ローンの見直し」と「保険の見直し」「使途不明金の洗い出しと解決」の3つ。この中で、**いちばん手間が少なくて効果が高いのが「保険の見直し」。着手しない手はない。生活費の2割以上の保険料を払っていたら、生命保険に過剰に入りすぎている可能性大。**万一のときに高額な保険金が支払われるものに入っていたら、その死亡保障が本当に必要なのか、再検討するとよいであろう。妻と子ども2人を扶養している会社員（持ち家）の場合、末子誕生時点では3000万円程度の死亡保障が必要だが、子どもの成長とともに減額できる。

40代・50代

解約はご法度《はっと》！　残しておきたいお宝保険

保険の見直しを行うとき、気をつけたいのは「お宝保険」の存在だ。**「お宝保険」というのは、今と比べて、同じ保障でもとても割安な保険料で入った保険のこと。具体的には1999年4月1日以前に加入した「個人年金保険」「養老保険」「終身保険」などがソレにあたる。中でも1994年4月1日以前の契約はスーパー級にお宝だ。**加入した年月日や保険の名称は保険証券に書いてあるので、自分の保険も一度確認を。

予定利率とは預かった保険料をどれだけ有利に運用する予定かを示すものだが、保険会社はたとえ運用が悪くてもこの予定利率を死守する。つまり、予定利率の高い時期に加入した保険は、高金利で運用した前提での保険金が約束されているわけだ。

ただし、高金利のときに契約した保険の保険金を、低金利の今払えずに破綻した保険会社もある。お宝保険は解約せずに大事に継続したいものだが、万一、経営状況が悪化してきたら、どうすべきかファイナンシャル・プランナーに相談しては。

40代・50代

住宅ローン見直し、繰り上げ返済より返済額増額

借金は早めに繰り上げ返済。使う予定のない余裕資金がある人にとって効果的な方法である。余計な利息を払わなくてすむメリットは大きい。しかし、これから繰り上げ返済のためにお金を貯めようと考えるならば、「返済額増額」の道もある。貯めてから返すのではなく、毎月の返済額を増やして、今すぐ返し始める方法だ。

たとえば、３０００万円の住宅ローンがあったとする（金利［固定］年３％で、返済期間は残り30年）。まともに返したら、約４５５３万円を払い込まなければいけない。月３万円ずつ貯めて３年ごとに繰り上げ返済した場合（積立貯金の金利は年１％以下で計算）と、返済額自体を約３万円増やした場合を比較した。

★繰り上げ返済…返済総額＝約４１４９万円、約７年短縮

★返済額増額…返済総額＝約４１０２万円、約８年短縮

結果は**返済額増額のほうが有利だ**。ただ、あとで返済額を減らすのは難しいので、長期間にわたって返済可能な金額で設定することが大切。

40代・50代

生命保険を見直すなら55歳になる前に

できることなら、55歳になる前に生命保険の見直しを始めたい。なぜなら終身医療保険は**55歳を過ぎると、60歳などの一定期間で保険料の払い込みを終える「払済コース（短期払い）」が使えなくなる（一部を除く）。そうなると、生きている限り保険料を払い続ける「終身払い」を利用せざるをえない。**

終身払いは、長生きすると、受けられる保障よりも払い込んだ保険料のほうが多くなる逆転現象が起きることがあるのだ。55歳男性が終身払いのシニア向け保険（※）に加入した場合、毎月の保険料は6000円で、病気で死亡すると109万円（3年目から）の保険金が支払われる。手ごろな料金設定にみえるが、15年2ヵ月目に死亡時にもらえる金額よりも払込保険料総額が上回る。

※アリコジャパン「はいれます終身保険」。2007年3月29日現在

40代・50代

年収アップは医療保険の見直し時期

健康保険（国民健康保険）の自己負担は原則として3割。では100万円の医療費がかかったとき30万円を自己負担するのかというと、実はそうではない。月収53万円未満の人なら9万円程度、それ以上の人なら16万円程度を超えた額については、あとで還付《かんぷ》してもらうことが可能なのだ。この制度は「高額療養費制度」と呼ばれている。

ちなみに、民間保険会社の医療保険に加入する場合、この「高額療養費制度」の自己負担の上限額と、差額ベッド代などの費用を勘案して入院日額を決める。一般的な家庭の場合（月収53万円未満の人）では日額5000〜1万円で加入する人が多い。ここで注意が必要なのは、月収53万円以上に収入が増えた場合。**「高額療養費制度」の自己負担の上限額も増えるわけだから、民間保険会社の医療保険の日額もアップさせたほうが安心だ。目安は日額1万〜1万5000円程度。**貯蓄額も参考にしながら、調整するとよい。

40代・50代 妻の年収850万円以上で遺族年金ストップ

遺族年金は、夫に万一のことがあったときに、妻などの遺族に対して、厚生年金や国民年金から支給されるものである。夫が会社員であれば、残された妻は遺族厚生年金と遺族基礎年金（18歳以下の子がいる場合）がもらえることになっている。**しかし、遺族年金がもらえない妻がいる。将来にわたって、年収850万円以上になると認められる妻である。**

がんばって働いているワーキングミセスに水をさす話をして申し訳ない。だが、これが現実だ。

基本的に遺族年金の判定は、夫死亡時の妻の前年の収入で行われる。**だが、夫の死亡により生活環境が変わり、850万円以上の収入が見込めないときにはその理由を年金事務所に申し出よう。遺族年金が受けられるようになることは多い。**

40代・50代　離婚後の年金、手続きすれば老後に分割可能に

２００７年問題という言葉まで生み出された「**離婚時の厚生年金分割制度**」。**２００７年４月以降に離婚した場合、２人の婚姻期間中の厚生年金の納付記録を、当事者間で合意した割合（50％上限）で分割できる制度である。**

この制度を利用すると、その後、確実かつ自動的に分割割合に基づいた年金がもらえる。合意内容を公証役場で公正証書に作成。それを年金事務所に持っていけばよい。合意できなければ、家庭裁判所に申し立てて、その書類を持参する。

だが、分割割合を50％にしたからといって、夫の年金の半分が妻に入るわけではない。会社員の老後の年金は2階建てで、老齢基礎年金（国民年金）に老齢厚生年金（厚生年金）が上乗せされている。この制度は2階にあたる厚生年金部分（夫婦の婚姻期間中に限る）が対象。夫の年金の半分をもらえると勘違いして離婚するのは勇み足。この点をよく踏まえて考えたい。

40代・50代　介護保険　払うのは40歳から、使うのは65歳から

40歳になった最初の給料日。給与明細を見ると、手取り額が減っている。原因は介護保険料のようだ。これっていったい何？

公的介護保険は40歳以上を対象にした社会保険。40歳以上の人が保険料を納め、介護が必要だと認定された場合に、安い利用料（通常料金の1割）で介護サービスを受けられる。しかし、誰でも使えるわけではない。**40歳から64歳までは、脳血管疾患やアルツハイマー病などの加齢に伴う病気が原因でなければ使えなくなっているのだ。**すでに介護保険料を払っているにもかかわらず、たとえ、交通事故で寝たきりになっても、介護保険の対象にはならない。

65歳以上にはこのしばりはない。介護が必要になった時点で申請し、要支援1～2または要介護1～5に認定されればＯＫ。

40代・50代

早わかり！　私がもらえる老後の年金

老後の年金がいくらもらえるかを知りたかったら、毎年誕生月に届けられる**「ねんきん定期便」**を見るといい。ねんきん定期便は国民年金と厚生年金保険の被保険者に対するサービス。これは宙に浮いた年金記録の持ち主を捜すために行っているものであるが、将来の年金見込額も調べることができる。あなたが50歳未満なら、ねんきん定期便の6ページ目にある「（参考）将来の年金見込額をご自分で試算できます」の計算シートで試算しよう。計算が苦手なら日本年金機構のホームページ（http://www.nenkin.go.jp/）の「年金額簡易試算（シミュレーション）」を使う手もある。50歳以上なら1ページ目を見よう。「老齢年金の見込額」として、60歳まで保険料を納めていると仮定した年金額が記載されている。

ちなみに、ねんきん定期便が届いたら、標準報酬月額と加入期間のチェックも忘れずに。標準報酬月額はその時期にもらった給与の平均に近い金額になっている。これが極端に低い場合は、同封の「年金加入記録回答票」で指摘しよう。

40代・50代 退職目前！　住宅ローンの整理法

「住宅ローンの残債は、退職金で完済してしまおう！」という目算の人も多い。しかし、現実には、やみくもに完済した結果、老後の生活資金に充当するお金がほとんど残らなくなってしまった人も。老後の年金があてにできない時代だからこそ、なるべく退職金に頼らない形で、退職までにローンが終わるような工夫が大切だ。

ローン整理で有効なのは、返済額増額。もし子どもが学校を卒業して社会人になっていれば、教育費の負担がなくなった分だけ貯蓄に回せるお金も増えているはず。このお金を住宅ローン返済に回すことで、ローンの完済を大幅に早められる。

もしかしたら、不安で手元にお金を置いておきたいと思う人もいるだろう。しかし、冷静に考えてみれば、預貯金の利息よりも借金の利子のほうがずっと大きいのだ。2010年7月現在では、普通預金の金利は0・02％、期間1年のスーパー定期預金で0・07％。その一方で、住宅ローンの金利は期間20年で4・95％（三菱東京UFJ銀行）と、200倍以上の差がある。**退職前は、貯金に回す半分程度は住宅ローン返済に充てるのが上策。**

60代以降

60歳以降の働き方、年金とやりがいのベストバランス

今まで定年は、多くのところで60歳だった。しかし、高年齢者雇用安定法が改正されて、働く希望があれば、より希望にそう形で60歳以降も働ける環境の整備が進められている。高年齢者雇用安定法は企業に次の3つのいずれかを義務づけた。

①定年年齢の引き上げ（2013年には65歳定年にする）
②リタイア後も再び雇用契約を結べる制度の導入
③定年制度そのものの廃止

なお、今の年金制度では、会社勤めで一定水準以上の収入が得られると、年金が減額される点には要注意。65歳までなら、賃金と年金の合計額が月28万円を超えると、年金がカットされる。

パートなど厚生年金に加入しない形で働けば、先の年金カットは適用されない裏技もある。

60代以降

子どもに住宅資金贈与、3つのメリット

子どもの住宅資金を援助するというときに活用するのは「相続時精算課税制度」と呼ばれる制度だ。**親が子に贈与する場合、住宅取得や増改築のための資金であれば、通常なら970万円の贈与税がかかる2500万円の資金援助も税額0円ですむ（2010年、2011年は別枠の非課税枠あり）。**

この制度は、贈与税と相続税をリンクさせたもので、将来相続が発生したときに、それまで贈与したものも含めて再計算する点にある。実際に相続税を納税するのはわずかに5％程度という実態を踏まえると、事実上無税に等しくなる、というのが1つ目のメリットだ。また、これによって、いざ介護といった不測の事態にも、子どもに援助を頼みやすくなる、というのが2つ目のメリット。3つ目のメリットは、遺産を誰にどう引き継ぐかを考えるよい機会になる点だ。

60代以降

公的介護保険のかしこい活用法

２００６年４月から、公的介護保険は気軽に利用できる制度になった。寝たきりとは言いがたい軽度の状態からサポートすることで、生活機能の低下を防ぎ、改善していく「予防重視型システム」が取り入れられたのである。

トイレや食事はひとりでできるが、身のまわりのことに少し手助けが必要。この程度でも申請する価値はある。**介護が必要（要介護１～５）な状態ではないが、要支援１または２に認定されれば、介護予防サービスが１割負担で利用できる。**

介護予防サービスとは、状態を維持・改善させることが目的で行われるさまざまなプログラムの総称。専門家による運動指導（介護予防通所リハビリテーション）や、介護予防の助けとなる福祉用具のレンタルなどが受けられる。

60代以降

遺言書　確実なのは公正証書遺言

遺言書を作成する場合。お金をかけずにつくりたいのなら、「自筆証書遺言」。あなたが築いた財産のうち、どの資産を誰に相続させたいかを自筆で書き、日付と名前を入れ、押印するもの。封筒に入れて、弁護士や信頼のおける友人などに預けておくとよい。記載が正しくないなど、遺言の要件を満たしていないものは無効になってしまうので、弁護士などの専門家に確認してもらうのが賢明だ。

ただし、自筆証書遺言は、紛失や改ざんのおそれ、記載の不備で無効になる可能性も。**心配なら、公証役場で公正証書遺言をつくろう。公証人に遺言内容を話すと書面にまとめてくれる。原本は役場に保管されるので、遺言書が破棄される心配もなく安心だ。**費用は相続財産と相続人の数、金額などにより異なるが、最低で5000円から作成できる。

60代以降

お葬式にも健康保険制度から5万円程度の補助

あまり知られていないが、本人が亡くなったときにも、健康保険制度からお金が受け取れる。サラリーマンが「健康保険」からもらえる金額は、本人や扶養家族が亡くなった場合に一律5万円。自営業者などの「国民健康保険」からは、葬儀費用を支払った人が受け取れ、支給額は市町村の条例で定められている。注意点は、申請しないと受け取れないお金だということ。時効はいずれも加入者が亡くなった日から2年以内なので、葬儀をした後は忘れずに申請を。

「健康保険」の場合は、勤務先で手続きするのが一般的。死亡診断書や埋葬《まいそう》許可証など、死亡を証明する書類が必要となる。「国民健康保険」の場合は、市区町村の役所の国民健康保険の担当課へ、故人の国民健康保険証と、印鑑、葬儀の領収書、振り込み先の銀行口座のわかるものを持参する。

本作品は二〇〇七年六月に小社より刊行された『運用以前のお金の常識』を、文庫収録にあたり抜粋、再編集し、加筆、改筆したものです。

柳澤美由紀－1級ファイナンシャル・プランニング技能士。CFP®。株式会社家計アイデア工房代表取締役。なごみFP事務所所属。WAFP関東（女性FPの会）会長。関西大学社会学部卒業後、広告代理店、独立系ファイナンシャル・プランナーの会社を経て、2006年になごみFP事務所を共同開設。家計の見直し、保険改善提案、各種資金設計のアドバイスなどを行う。2009年には、株式会社家計アイデア工房を設立。家計管理の知恵やノウハウを日々研究し、情報発信に努めている。
著書に『新版　保険料あなたはたくさん払いすぎ！』（あさ出版）、『ファイナンシャル・プランナーママの実践マネー教育』（アールズ出版）、『運用以前のお金の常識』『書き込み式　老後のお金の「どうしよう？」が解決できる本』（ともに講談社）などがある。

講談社+α文庫　よりぬき　運用《うんよう》以前《いぜん》のお金《かね》の常識《じょうしき》

柳澤《やなぎさわ》美《み》由《ゆ》紀《き》

2010年8月19日第1刷発行

発行者――――鈴木　哲
発行所――――株式会社　講談社
東京都文京区音羽2-12-21　〒112-8001
電話　出版部(03)5395-3527
販売部(03)5395-5817
業務部(03)5395-3615

イラスト――――カツヤマケイコ
デザイン――――鈴木成一デザイン室
本文データ制作――朝日メディアインターナショナル株式会社
カバー印刷――――凸版印刷株式会社
印刷――――慶昌堂印刷株式会社
製本――――株式会社千曲堂

落丁本・乱丁本は購入書店名を明記のうえ、小社業務部あてにお送りください。
送料は小社負担にてお取り替えします。
なお、この本の内容についてのお問い合わせは
生活文化第一出版部あてにお願いいたします。
Printed in Japan ISBN978-4-06-281381-5
定価はカバーに表示してあります。

講談社+α文庫 ©生活情報

よりぬき そうじ以前の整理収納の常識 本多弘美
時間がなくても収納スペースが足りなくても。きれいな部屋をつくるテクニック満載！
533円 C 144-1

世界で通用する子供の名前は「音」で決まる 宮沢みち
名前の音で「能力と性質」がわかる。音の循環を知って「自分を生かす」開運の姓名判断
648円 C 145-1

イラスト版 ベランダ・庭先で楽しむ はじめての野菜づくり 相川未佳 出川博栄
1㎡あれば野菜づくりは楽しめる！ 成功&失敗から学んだプランター栽培のコツ満載！
705円 C 146-1

美人力を上げる温泉術 松田忠徳
日本でただ一人、温泉学の教授が女性のためのホンモノの温泉を徹底取材、分析！
600円 C 147-1

「樹医」が教える 庭木の手入れの勘どころ 山本光二
庭の樹木を美しく丈夫に育てる知恵と技とコツを「樹医」の第一人者がはじめて直伝
667円 C 148-1

よりぬき 調理以前の料理の常識 渡邊香春子
まずそろえるべき調理道具から、基本食材の扱い方、定番レシピまでを完全網羅の一冊！
533円 C 149-1

小笠原流礼法 誰からも好かれる社会人のマナー 小笠原敬承斎
おじぎのしかたから慶弔の心得まで、品格ある女性になるための本物のマナーブック
533円 C 150-1

よりぬき 運用以前のお金の常識 柳澤美由紀
今さら人に聞くのは恥ずかしいくらい、超基本の常識から、あらためてやさしく解説！
533円 C 151-1

＊印は書き下ろし・オリジナル作品

表示価格はすべて本体価格（税別）です。本体価格は変更することがあります